上海市房地产业发展报告

2017

上海市住房和城乡建设管理委员会
上海市房屋管理局　　　　　　　◎编
上海市房地产科学研究院

上海人民出版社

《上海市房地产业发展报告（2017）》编纂委员会

主　任：崔明华　黄永平

副主任：胡广杰　马　韧　金　晨

委　员：（排名不分先后）

浦建华　冷玉英　张立新　林伟斌　徐存福

陈荣根　朱志龙　毕桂平　陈　宁　王　青

余莉娟　季祖坚　唐忠义　沈宁雷　张　冰

冯钢花　蒋慰如　穆东萍　徐　尧　杨巧虹

任　杰　马　力　陈　洋　张　彬　陈涧波

胡迎胜　马浩元　唐　磊　赵　雁　范冬梅

目录

前言

　　2016 年是我国"十三五"规划的开局之年，也是上海市房地产业发展承上启下的一年。上海市房地产业在习近平总书记系列讲话精神指引下，认真贯彻十八届五中全会、中央城市工作会议、中央经济工作会议精神，贯彻创新、协调、绿色、开放、共享五大发展理念，开拓创新谋发展，奋发有为作贡献。根据市委、市政府的要求，坚守人口、土地、环境、安全"四条底线"，做到实现"四个突出"：突出改革创新，突出补好短板，突出改善民生，突出有效市场和有为政府互相促进。继续积极构建以政府为主提供基本保障、以市场为主满足多层次需求的住房供应体系，坚持"房子是用来住的、不是用来炒的"的定位，努力探索综合运用金融、土地、财税、投资、立法等手段，建立符合国情、适应市场规律的基础性制度和长效机制。

　　2016 年，由于市场预期与调控政策相互博弈，上海市房地产市场整体呈现出"一波三折"的态势。针对市场出现的非理性过热的情绪，2016 年上海市坚持房地产调控不动摇，出台"沪九条"政策，严厉打击楼市谣言，进一步加强商品住宅用地交易资金来源监管，从严执行住房限购政策，全面实行存量住房交易资金监管制度等。随着政策效应逐步显现，社会预期趋于冷静，市场行为回归理性，总体走势趋向平稳，房地产调控取得预期成效。

2016 年，上海市进一步完善"四位一体"的住房保障体系。随着上海市政府规章《上海市共有产权保障住房管理办法》的颁布实施，上海市住房保障制度执行情况基本达到预期效果，政府提供基本住房保障的职责加快落实，住房保障覆盖面进一步扩大，市民住房困难得到有效缓解，住房保障申请审核、分配供应的全过程公开、公平、公正。

2016 年是上海市住宅小区综合治理三年行动计划的推进实施年，全市住宅小区综合治理实现了新进展，呈现了新面貌，取得了新成效。住宅小区综合管理体制机制进一步理顺，进一步明确全市各相关主体工作职责，落实街镇党政部门属地主体责任，将房管办事处等下沉到街镇；物业服务市场机制进一步完善，社区共治机制进一步形成，涉及民生的突出问题进一步得到解决。

2016 年，上海市持续推进旧区改造，在城市更新的实践中从以拆除为主逐步转向保留保护、改造和征收并举；推进优秀历史保护建筑的监管、提高公众参与度；切实解决旧住房安全隐患问题，实施推进各类旧住房修缮改造工程；进一步加强房屋征收的规范化、制度化建设。让广大市民在城市更新改造和住宅小区综合治理中有了获得感、幸福感、安全感。

《上海市房地产业发展报告（2017）》全面回顾了 2016 年度上海市房地产业的实际状况，展现了行业发展的全貌，如实记录了房地产市场、住房保障、房屋管理、旧区改造，以及房地产金融税收等各方面政策实施情况，旨在为房地产业的管理者、服务者、从业者、参与者等提供权威而全面的行业信息和决策参考。

编　者

二〇一七年十二月

第一章 房地产业发展背景

2016 年，在党中央、国务院和上海市委、市政府的坚强领导下，全市深入贯彻习近平总书记系列重要讲话精神和治国理政新理念新思想新战略，按照当好改革开放排头兵、创新发展先行者的根本要求，主动适应经济发展新常态，坚持稳中求进的工作总基调，坚定不移推进供给侧结构性改革，坚持不懈推进创新驱动发展、经济转型升级，实现"十三五"时期经济社会发展的良好开局。

一、经济发展①

2016 年，上海市经济运行总体平稳、稳中有进，全年实现生产总值增长 6.8%；社会固定资产投资总额比上年增长 6.3%。房地产市场运行总体呈现"先扬后抑"，政策效应逐步显现，市场走势出现积极变化，社会预期有所转变，市场总体趋于稳定。

（一）生产总值

2016 年，上海市实现生产总值（GDP）27466.15 亿元，比上年增长 6.8%。其中，第一产业增加值 109.47 亿元，下降 6.6%；第二产业增加值 7994.34 亿元，增长 1.2%；第三产业增加值 19362.34 亿元，增长 9.5%。第三产业增加值占上海市生产总值的比重为 70.5%，比上年提高 2.7 个百分点。按常住人口计算，上海市人均生产总值

---

① 本书所引用的数据除了已注明出处的，其他均来源于本书编辑部。

为 11.36 万元。

表 1-1   2015—2016 年上海市经济社会发展主要指标

指　　标	单　位	2015 年	2016 年
全市生产总值	亿元	25123.45	27466.15
第二产业	亿元	7991.00	7994.34
第三产业	亿元	17022.63	19362.34
全社会固定资产投资总额	亿元	6352.70	6755.88
房地产开发投资	亿元	3468.94	3709.03
城市基础设施投资	亿元	1425.08	1551.87
轨道交通运营线路长度	公里	617.53	617.53
城市建成区绿化覆盖率	%	38.50	38.80

数据来源：上海市统计局、上海市房屋管理系统统计资料汇编

数据来源：《2016 年上海市国民经济和社会发展统计公报》

图 1-1   2012—2016 年上海市生产总值及其增长速度

在上海市生产总值中，公有制经济增加值为 13193.27 亿元，比上年增长 6.8%；非公有制经济增加值为 14272.88 亿元，比上年增长 6.8%。非公有制经济增加值占上海市生产总值的比重为 52.0%，与上年持平。

全年战略性新兴产业增加值为 4182.26 亿元，比上年增长 5.0%。其中，制造业增加值 1807.75 亿元，比上年增长 2.7%；服务业增加值 2374.51 亿元，比上年增长 6.9%。战略性新兴产业增加值占上海市生产总值的比重为 15.2%。

表1-2　2016年上海市生产总值　　　　　　　　（单位：亿元）

类　　别	2016年	比上年增长	占比	对经济增长贡献率
上海市生产总值	27466.15	6.8%	100%	100%
农、林、牧、渔业	113.47	−6.7%	0.4%	−0.4%
工业	7145.02	1.0%	26.0%	4.1%
建筑业	875.81	3.1%	3.2%	1.6%
批发和零售业	4032.43	4.6%	14.7%	10.3%
交通运输仓储和邮政业	1160.27	6.3%	4.2%	4.2%
住宿和餐饮业	388.00	0.6%	1.4%	0.1%
信息传输计算机服务和软件业	1618.58	15.1%	5.9%	12.2%
金融业	4762.50	12.8%	17.3%	31.2%
房地产业	2124.78	4.5%	7.7%	4.5%

数据来源：上海市房屋管理系统统计资料汇编

（二）全社会固定资产投资

2016年，上海市完成全社会固定资产投资总额6755.88亿元，比上年增长6.3%。其中，第三产业投资占全社会固定资产投资总额

表1-3　2016年上海市全社会固定资产投资及其增长速度

指　　标	绝对值（亿元）	比上年增长（%）
全社会固定资产投资总额	6755.88	6.3
按经济类型分		
国有经济	1844.66	−6.6
非国有经济	4911.22	12.2
私营经济	1074.30	5.6
股份制经济	2611.71	22.9
外商及港澳台经济	1153.48	−1.0
按产业分		
第一产业	4.09	3.6
第二产业	982.69	2.5
第三产业	5769.11	7.0
按行业分		
工业	979.56	2.3
交通运输、仓储和邮政业	944.86	18.9
金融业	18.49	−24.5
卫生和社会工作	52.76	15.8

数据来源：《2016年上海市国民经济和社会发展统计公报》

的比重为 85.4%；非国有经济投资占全社会固定资产投资总额的比重为 72.7%。

（三）房地产业发展

在 2016 年上海市生产总值中，房地产业增加值为 2124.78 亿元，比上年增长 4.5%，约占 7.7%。

表1-4　2012—2016 年上海市房地产业在生产总值的占比情况

	2012 年	2013 年	2014 年	2015 年	2016 年
上海市生产总值（亿元）	20181.72	21818.15	23567.7	25123.45	27466.15
房地产业（亿元）	1147.04	1427.05	1530.96	1699.78	2124.78
比上年增长（%）	4.7	11.6	3.2	9.0	4.5
占比（%）	5.7	6.5	6.5	6.8	7.7

数据来源：历年《上海统计年鉴》、上海市房屋管理系统统计资料汇编

2016 年上海市完成房地产开发投资 3709.03 亿元，比上年增长 6.9%。其中，住宅投资 1965.43 亿元，比上年增长 8.4%；办公楼投资 695.95 亿元，比上年增长 6.3%；商业营业用房投资 519.41 亿元，比上年增长 11.1%。商品房施工面积 15111.24 万平方米，比上年增长 0.1%；竣工面积 2550.64 万平方米，比上年下降 3.6%。商品房销售面积 2705.69 万平方米，比上年增长 11.3%，其中，住宅销售面积 2019.80 万平方米，比上年增长 0.5%。全年商品房销售额为 6695.85 亿元，比上年增长 31.5%，其中，住宅销售额为 5233.29 亿元，比上年增长 21.1%。存量房买卖登记面积 3398.31 万平方米，比上年增长 28.3%。

以 2015 年 12 月价格为 100，2016 年新建住宅销售价格指数为 126.5。其中，商品住宅价格指数为 131.7；以 2015 年价格为 100，2016 年新建住宅销售价格指数为 127.0，其中，商品住宅价格指数为 132.8。

2016 年上海市新增供应各类保障性住房 5.2 万套。中心城区实际完成二级旧里以下房屋改造约 59 万平方米，受益居民约 3 万户。

截至 2016 年底，上海市城镇居民人均住房建筑面积为 36.1 平方米，居民住宅成套率达到 97%。

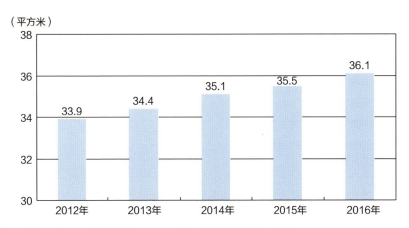

数据来源：《2016 年上海市国民经济和社会发展统计公报》

图 1-2　2012—2016 年上海市城镇居民人均住房建筑面积

二、社会发展

2016 年上海市社会发展情况呈现出人口数量增长缓慢、城乡居民收入增长平稳、就业形势保持稳定、居民消费价格涨幅可控等特点，社会发展总体平稳有序。

（一）人口情况

截至 2016 年底，上海市常住人口总数为 2419.70 万人。其中，户籍常住人口 1439.50 万人、外来常住人口 980.20 万人。全年常住人口出生 21.84 万人，出生率为 9.0‰；死亡 12.08 万人，死亡率为 5.0‰；常住人口自然增长率为 4.0‰。全年户籍常住人口出生 12.92 万人，出生率为 9.0‰；死亡 11.4 万人，死亡率为 7.9‰；户籍常住人口自然增长率为 1.1‰。

表 1-5　2015—2016 年上海市人口情况

指　　标	单位	2015 年	2016 年
年末常住人口	万人	2415.27	2419.70
户籍常住人口	万人	1433.62	1439.50
外来常住人口	万人	981.65	980.20
户籍人口总户数	万户	536.76	541.62
平均每户家庭人口	人	2.7	2.68
年末户籍人口	万人	1442.97	1450.00
男性	万人	716.37	719.35
女性	万人	726.60	730.65
年末户籍老年人口（60 岁及以上）	万人	435.95	457.79
年末户籍老年人口（61 岁及以上）占全市户籍人口比重	%	30.2	31.6

数据来源：上海市统计局、上海市房屋管理系统统计资料汇编

（二）就业情况

2016 年上海市新增就业岗位 59.93 万个。新安置就业困难人员 10786 人，新消除零就业家庭 108 户。帮扶引领成功创业人数 11795 人，其中，青年大学生 7538 人；帮助 8802 名长期失业青年实现就业创业。完成职业培训 64.94 万人，其中，农民工职业培训 27.77 万人。

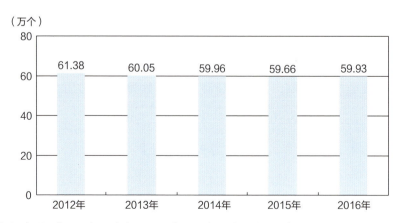

数据来源：《2016 年上海市国民经济和社会发展统计公报》

图 1-3　2012—2016 年上海市新增就业岗位情况

截至 2016 年底，累计有 894 人入选国家"千人计划"，798 人入选上海"千人计划"。高技能人才占技能劳动者比例达到 31.1%。全市城镇登记失业人员 24.26 万人，城镇登记失业率为 4.1%。

（三）家庭收支

2016 年上海市居民人均可支配收入为 54305 元，比上年增长 8.9%，扣除价格因素，实际增长 5.5%。其中，城镇常住居民人均可支配收入为 57692 元，比上年增长 8.9%，扣除价格因素，实际增长 5.5%；农村常住居民人均可支配收入为 25520 元，比上年增长 10.0%，扣除价格因素，实际增长 6.6%。上海市居民人均消费支出为 37458 元，比上年增长 7.7%。其中，城镇常住居民人均消费支出为 39857 元，比上年增长 7.9%；农村常住居民人均消费支出为 17071 元，增长 5.7%。

（四）居民消费价格指数情况

以上年价格为 100，2016 年居民消费价格指数为 103.2。其中，食品烟酒类价格指数为 103.7、居住类价格指数为 105.1、医疗保健类价格指数为 109.0、固定资产投资价格指数为 99.6、工业生产者出厂价格指数为 98.8、工业生产者购进价格指数为 97.7。

表 1-6 2016 年 12 月上海市居民消费价格指数

指　标　名　称	以上年同期为 100 的指数		以上月价格为 100 的指数
	12 月	1—12 月	
居民消费价格总指数	103.3	103.2	100.1
服务价格指数	104.3	104.5	100.1
消费品价格指数	102.5	102.2	100.1
食品烟酒	103.2	103.7	100.3
食　品	104.0	104.8	100.3
粮　食	101.5	100.9	100.5
食用油	101.6	99.9	99.7

（续表）

指 标 名 称	以上年同期为 100 的指数		以上月价格为 100 的指数
	12 月	1—12 月	
菜	100.2	110.6	93.3
畜肉类	105.2	108.3	100.2
水产品	107.6	107.8	101.9
蛋 类	97.3	98.4	99.5
干鲜瓜果类	109.5	101.8	106.9
衣 着	101.0	100.8	99.3
居 住	104.8	105.1	99.9
水电燃料	99.6	99.0	100.2
自有住房	105.9	106.4	99.8
生活用品及服务	100.8	101.2	100.2
交通和通信	99.0	97.0	101.2
教育文化和娱乐	102.7	102.7	100.0
教 育	103.9	104.6	100.1
文化娱乐	101.9	101.6	99.9
医疗保健	109.6	109.0	99.9
其他用品和服务	102.7	103.3	99.8

数据来源：《2016 年上海市国民经济和社会发展统计公报》

以上年 12 月价格为 100，2016 年上海市新建住宅销售价格指数为 126.5，其中，商品住宅价格指数为 131.7；以上年价格为 100，2016 年新建住宅销售价格指数为 127.0，其中，商品住宅价格指数为 132.8。

三、各类房屋

（一）面积规模

2016 年上海市各类房屋面积达到 12.7 亿平方米。其中，居住房屋面积约为 6.5 亿平方米。

2012—2016 年上海市房屋增加的面积约为 22573 万平方米。其中，居住房屋约为 9230 万平方米、非居住房屋约为 13343 万平方米。2015—2016 年上海市房屋增加面积约为 7334 万平方米。其中，居住房屋约为 2486 万平方米，非居住房屋约为 4848 万平方米。

表 1-7　2012—2016 年上海市各类房屋构成情况　　（单位：万平方米）

	2012 年	2013 年	2014 年	2015 年	2016 年
总　　计	105152	110685	115344	120390	127724
居住房屋	56263	58940	61094	63007	65493
花园住宅	1708	1752	1790	1790	1815
公　　寓	51975	54319	56429	58308	60802
联列住宅	1052	1165	1241	1400	1508
新式里弄	311	311	311	308	296
旧式里弄	1206	1382	1312	1190	1061
简　　屋	11	11	11	11	11
非居住房屋	48888	51745	54250	57383	62231
工　　厂	22233	23062	23964	25103	26491
学　　校	2976	3127	3226	3366	3548
仓库堆栈	1671	1722	1762	1868	1915
办 公 楼	6101	6545	6860	7343	8149
商场店铺	5847	6165	6469	6773	7472
医　　院	576	595	615	631	699
旅　　馆	1087	1197	1233	1265	1372
影 剧 院	55	56	58	65	66
其　　他	8342	9275	10063	10970	12519

数据来源：历年《上海统计年鉴》、上海市房屋管理系统统计资料汇编

表 1-8　上海市房屋面积增加情况　　（单位：万平方米）

	2012—2016 年	2015—2016 年		2012—2016 年	2015—2016 年
总　　计	22572	7334	非居住房屋	13343	4848
居住房屋	9230	2486	工　　厂	4258	1388
花园住宅	107	25	学　　校	572	182
公　　寓	8827	2494	仓库堆栈	244	47
联列住宅	456	108	办 公 楼	2048	806
新式里弄	−15	−12	商场店铺	1625	699
旧式里弄	−145	−129	医　　院	123	68
简　　屋	0	0	旅　　馆	285	107
			影 剧 院	11	1
			其　　他	4177	1549

数据来源：历年《上海统计年鉴》、上海市房屋管理系统统计资料汇编

（二）高层房屋

2016 年，上海市 8 层以上房屋面积约为 43648 万平方米，其中主要是 11—15 层建筑与 16—19 层建筑，房屋面积占比分别为 31.51% 和 25.07%。

表 1-9　2012—2016 年上海市 8 层以上房屋面积　　（单位：万平方米）

	2012 年	2013 年	2014 年	2015 年	2016 年
合计面积	30550	34697	36918	39652	43648
占　　比					
8 层—10 层	9.53%	9.78%	10.04%	9.84%	10.26%
11 层—15 层	34.01%	32.23%	32.25%	32.06%	31.51%
16 层—19 层	21.90%	22.62%	23.54%	24.31%	25.07%
20 层—29 层	22.90%	23.28%	22.59%	22.49%	22.16%
30 层以上	11.66%	12.09%	11.57%	11.30%	11.00%

数据来源：历年《上海统计年鉴》、上海市房屋管理系统统计资料汇编

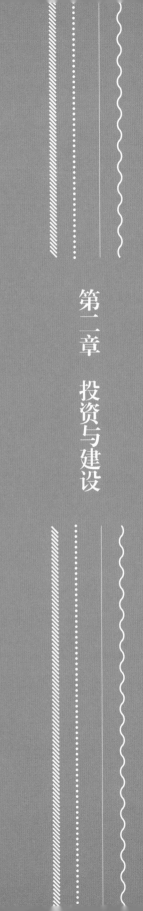

第二章 投资与建设

　　房地产投资与建设对上海市国民经济和社会发展起到重要的推动作用。2016年，上海市房地产开发投资继续保持增长，住宅投资占比基本持平。在房屋建设方面，住宅的施工面积和竣工面积均小幅下降，装配式和绿色建筑技术的运用范围进一步扩大。与此同时，上海市继续推进保障性住房建设，征收安置住房的竣工面积创下六年来的新高；在住宅建设的方面，仍以大型居住社区为重点，加快推进各项市政公建配套设施的建设和开办运营。

一、房地产开发投资①

（一）投资规模

　　全社会固定资产投资和房地产开发投资保持增长，房地产开发投资占比略微增加。2016年，上海市全社会固定资产投资总额为6755.88亿元，比上年增长6.3%，增幅提高约0.7个百分点。从固定资产投资的行业结构变化来看，2016年的增长来源主要是第三产

---

① 本部分数据来源：上海市统计局。
　房地产开发投资指各种登记注册类型的房地产开发公司、商品房建设公司及其他房地产开发法人单位和附属于其他法人单位实际从事房地产开发或经营活动的单位统一开发的包括统代建、拆迁还建的住宅、厂房、仓库、饭店、宾馆、度假村、写字楼、办公楼等房屋建筑物和配套的服务设施、土地开发工程（如道路、给水、排水、供电、供热、通讯、平整场地等基础设施工程）的投资；不包括单纯的土地交易活动，是报告期内房地产开发企业或单位完成的全部用于房屋建设工程和土地开发工程的投资额以及公益性建筑和土地购置费等投资。

业，根据细分行业的固定资产投资变化情况，房地产业增量最大。

表 2-1　2015—2016 年上海市按行业区分固定资产投资结构变化　（单位：亿元）

	2015 年	2016 年	投资增长额
全社会固定资产投资总额	6352.7	6755.88	403.18
按行业分			
第一产业	3.95	4.09	0.14%
第二产业	958.84	982.69	23.85%
工业	957.17	979.56	22.39%
建筑业	1.67	3.12	1.45%
第三产业	5389.91	5769.11	379.2%
交运仓储邮政业	794.56	944.86	150.3%
信息传输、软件和信息技术服务业	127.27	136.86	9.59%
批发和零售业	34.8	37.15	2.35%
住宿和餐饮业	28.3	20.63	−7.67%
金融业	24.49	18.49	−6%
房地产业	3486.71	3720.67	233.96%
城市基础设施投资	1425.08	1551.87	126.79%
电力建设	129.36	145.04	15.68%
交通运输、邮电通信	854.89	990.18	135.29%
交通运输	759.23	883.81	124.58%
邮电通信	95.67	106.37	10.7%
公用设施	440.83	416.66	−24.17%
公用事业	66.73	70.9	4.17%
市政建设	374.1	345.75	−28.35%

　　2016 年，上海市房地产开发 [①] 投资额为 3720.67 亿元，比上年增长 6.7%，增幅较上年回落 1.5 个百分点；房地产开发投资占全社

[①]　房地产开发经营统计包括：各种登记注册类型的房地产开发公司、商品房建设公司及其他房地产开发单位统一开发的包括统代建、拆迁还建的住宅、厂房、仓库、饭店、宾馆、度假村、写字楼、办公楼等房屋建筑物和配套的服务设施、土地开发工程（如道路、给水、排水、供电、供气、供热、通讯、平整场地等基础设施工程）。包括非房地产开发经营企业但实际从事房地产开发或经营活动的单位。房地产开发经营统计不包括单纯从事房地产管理、代理与经纪的企业或单位。

会固定资产投资比例为 55.1%，较上年提高 0.2 个百分点。从月度房地产开发投资情况来看，一季度房地产开发投资较上年同期涨幅扩大，随后涨幅逐渐收窄，下半年各月累计房地产开发投资额较上年同期涨幅基本保持在 6—9 个百分点之间。

图 2-1　2016 年上海市月度房地产开发投资累计额

（二）投资结构

从 2016 年上海市房地产开发投资的房屋类型来看，与 2011—2015 年住宅开发投资占房地产开发投资份额逐年下降形成反差，2016 年住宅投资占比较 2015 年有所提高。2016 年，上海市住宅投资额为 1965.43 亿元，比上年增长 8.4%，占房地产开发投资的 53.0%，比重提高 0.7 个百分点；办公楼和商业营业用房完成投资额为 1215.36 亿元，比上年增长 8.3%，占房地产开发投资的 32.8%。

具体来看，在住宅开发投资方面，2016 年 4—8 月，住宅开发投资有所升温，体现在住宅开发投资额较上年同期增幅不断扩大，但在 8 月后就快速收窄。从月度住宅开发投资额来看，两个阶段性的高点分别出现在 6 月和 10 月。

图2-2　2016年上海市月度住宅开发投资累计额

在办公楼开发投资方面，2016年3月开发投资较上年出现较大增幅，随后数月开发投资额相对较低，累计开发投资额较上年同期增幅迅速收窄，一度与2015年基本持平，最终增幅维持在6—7个百分点之间。从办公楼月度开发投资额来看，两个阶段性高点分别出现在3月和12月，即"一头"、"一尾"。

图2-3　2016年上海市月度办公楼开发投资累计额

在商业营业用房开发投资方面，2016年1—2月开发投资额较上年同期增幅较大，但二季度商业营业用房开发投资增速减缓，基本与上年同期持平。从三季度开始，除 11 月出现一定的波动外，商业营业用房的开发投资呈现逐步加速的态势。

图 2-4　2016 年上海市月度商业营业用房开发投资累计额

综合比较 2016 年中三种类型房地产开发投资情况，住宅开发投资基本保持稳步增长；办公楼和商业营业用房一季度的开发投资较 2015 年有大幅提高，随后走势逐步出现差异，办公楼开发投资涨幅逐渐收窄，而商业营业用房的开发投资涨幅逐步扩大。

从 2016 年上海市房地产开发投资的投资结构来看，土地购置费增长较快。房地产开发投资中建安工程投资额为 2220.89 亿元，比上年增长 0.4%，占房地产开发投资的 59.9%；土地购置费为 1208.28 亿元，比上年增长 20.3%，占房地产开发投资的 32.6%，比上年提高 3.6 个百分点。

从 2016 年上海市房地产开发投资的项目规模来看，大项目的投资数量和规模明显增加。2016 年，上海市完成投资额 5 亿元以上的项目有 209 个，比上年增加 22 个，投资额共计 2182.69 亿元，比上年增长 15.9%，占房地产开发投资的 58.9%。投资增速高出全市开发投资 9.0 个百分点。

（三）到位资金

2016 年，上海市房地产开发企业本年到位资金为 6408.78 亿元，比 2015 年增长 15.9 个百分点，项目资金到位情况良好。

从 2016 年上海市房地产企业本年到位资金情况来看，相比 2015 年（累计值），国内贷款和自筹投资都基本持平略有下降，其他资金 2016 年为 3469.51 亿元，其中定金及预付款为 2563.88 亿元，个人按揭贷款为 663.71 亿元，提高近千亿元。

二、房屋建设

（一）房屋建设[①]

2016 年，上海市房屋施工面积[②] 为 15111.24 万平方米，较 2015 年增长 0.1 个百分点。其中，住宅施工面积为 8073.94 万平方米，较 2015 年下降 3.6 个百分点。

从 2016 年 3 月起，房屋施工面积同比月增幅始终保持在 3 个百分点以内。住宅施工面积情况基本相同，除个别月份外，施工面积较 2015 年同期有所下降。

2016 年，上海市房屋新开工面积[③] 为 2840.95 万平方米，较 2015 年增长 9.1 个百分点。从房屋类型来看，住宅新开工面积有所

---

① 本部分数据来源：上海市统计局、上海市房屋管理系统统计资料汇编。
② 房屋施工面积：指报告期内施工的全部房屋（包括地下室、半地下室以及配套房屋）建筑面积，包括本期新开工的面积和上年开工跨入本期继续施工的房屋面积，以及上期已停建在本期恢复施工的房屋面积。本期竣工和本期施工后又停建缓建的房屋，其建筑面积仍计入本期房屋施工面积中。
③ 房屋新开工面积：是指在报告期内新开工建设的房屋面积，不包括上期跨入报告期继续施工的房屋面积和上期停缓建而在本期恢复施工的房屋面积，房屋的开工应以房屋正式开始破土刨槽（地基处理或打永久桩）的日期为准。

下降，办公楼和商业营业用房新开工面积较快增长。2016 年，住宅新开工面积为 1436.13 万平方米，较 2015 年下降 8 个百分点；办公楼和商业营业用房新开工面积分别为 384.49 万平方米和 401.78 万平方米，较 2015 年分别增长 26.1% 和 30.6%。

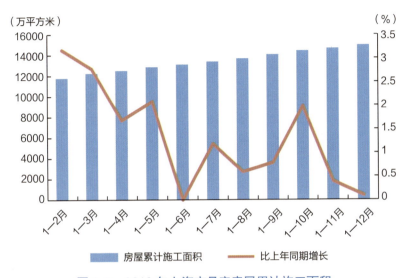

图 2-5　2016 年上海市月度房屋累计施工面积

图 2-6　2016 年上海市月度住宅累计施工面积

从住宅月度新开工面积情况来看，4 月和 11 月住宅新开工面积均在 100 万平方米以下，拉低全年的总体水平。

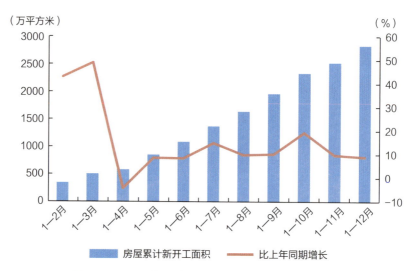

图 2-7　2016 年上海市月度房屋累计新开工面积

图 2-8　2016 年上海市月度住宅累计新开工面积

　　受过去几年新开工面积下降的影响，上海市商品房竣工面积①同比下降。2016 年，商品房竣工面积为 2550.64 万平方米，较 2015年下降 3.6 个百分点。其中，住宅竣工面积为 1532.88 万平方米，较2015 年减少 3.5 个百分点。

---

① 房屋竣工面积：是指报告期内房屋建筑按照设计要求已全部完工，达到可住人和使用条件，经验收鉴定合格或达到竣工验收标准，可正式移交使用的各栋房屋建筑面积的总和。

图 2-9　2016 年上海市月度房屋累计竣工面积

从房屋的月度竣工情况来看，7 月和 12 月是两个竣工量较大的月份。

从住宅的月度竣工情况来看，1 月、2 月、3 月、7 月和 12 月竣工量较大，但相比 2015 年，还是呈现出竣工量缩减的态势。

2016 年，上海市共计发放新建住宅交付使用许可证 403 件，涉及住宅总建筑面积约 2255.1 万平方米。

图 2-10　2016 年上海市月度住宅累计竣工面积

表 2-2　2016 年上海市新建住宅交付使用许可证发放情况

（单位：万平方米，件）

区　县	住宅建筑面积	发证件数	区　县	住宅建筑面积	发证件数
总　计	22550975.71	403	杨浦区	228160.84	9
市房管局	272198.73	5	宝山区	1658771.61	22
浦东新区	4143406.78	68	闵行区	1736437.99	36
黄浦区	90871.79	3	嘉定区	3564345.51	62
徐汇区	398762.08	5	金山区	1660135.95	27
长宁区	119552.94	3	松江区	2667392.06	53
静安区	308864.44	6	青浦区	2620644.04	52
普陀区	381691.27	7	奉贤区	1213829.95	23
闸北区	30264.42	1	崇明区	1051350.81	18
虹口区	404294.5	3			

（二）保障性住房建设

在征收安置住房方面，2016 年，上海市征收安置住房新开工 7.42 万套、约 652.66 万平方米。其中，市属征收安置住房 1.4 万套、约 109.37 万平方米；区属征收安置住房 6.02 万套、约 543.29 万平方米。

表 2-3　2011—2016 年上海市征收安置房开工情况

（单位：万平方米，万套）

	开工项目合计		市属项目		区属项目	
	面积	套数	面积	套数	面积	套数
合　计	4348.64	48.90	696.22	9.47	3652.42	39.43
2011 年	983.55	11.66	339.00	4.76	644.55	6.91
2012 年	857.39	9.66	204.63	2.73	652.76	6.93
2013 年	483.71	5.42			483.71	5.42
2014 年	438.69	4.62			438.69	4.62
2015 年	932.65	10.12	43.23	0.58	889.42	9.54
2016 年	652.66	7.42	109.37	1.40	543.29	6.02

2016 年，上海市征收安置住房基本建成 87228 套，约 788.16 万平方米。其中，市属征收安置住房 1.11 万套、约 80.76 万平方米；区属项目 7.61 万套、约 707.40 万平方米。

表 2-4　2011—2016 年上海市征收安置房基本建成情况

（单位：万平方米，万套）

	竣工项目合计		市属项目		区属项目	
	面积	套数	面积	套数	面积	套数
合　计	3308.16	38.06	840.24	11.50	2467.92	26.56
2011 年	298.25	3.58	83.84	1.06	214.41	2.52
2012 年	470.14	5.83	285.20	3.88	184.94	1.96
2013 年	533.63	6.18	148.23	2.09	385.40	4.10
2014 年	490.49	5.83	158.70	2.26	331.79	3.57
2015 年	727.49	7.91	83.51	1.10	643.98	6.81
2016 年	788.16	8.72	80.76	1.11	707.40	7.61

在共有产权保障住房方面，2016 年，上海市共有产权保障住房新开工面积约 1.05 万套、约 73.25 万平方米；竣工面积约 2.44 万套、约 169.34 万平方米。

表 2-5　2011—2016 年上海市共有产权保障住房建设情况

（单位：万平方米，万套）

	开　工		竣　工	
	面　积	套　数	面　积	套　数
合　计	863.57	12.77	879.08	13.00
2011 年	541.00	8.03	200.63	2.98
2012 年	185.14	2.77	93.51	1.41
2013 年			146.64	2.15
2014 年			97.73	1.48
2015 年	64.17	0.93	171.23	2.53
2016 年	73.25	1.05	169.34	2.44

（三）大型居住社区建设

截至 2016 年底，上海市已启动大型居住社区建设基地 38 个，主要分布在浦东新区、闵行区、宝山区、嘉定区、青浦区、松江区、奉贤区，已开工建设面积约 4303 万平方米。其中，基本建成面积约 3023 万平方米。

2016 年，上海市各大型居住社区中各类保障性住房合计开工建筑面积 182.6 万平方米，基本建成建筑面积 250.07 万平方米。

表 2-6　2016 年上海市各大型居住社区建设情况

（单位：万平方米）

序号	基地名称	开工建筑面积	基本建成建筑面积
1	惠南民乐基地	44.32	4.93
2	曹路南拓展基地	13.12	/
3	周康航拓展基地	/	34.07
4	浦江拓展基地	/	12.2
5	旗忠基地	/	9.5
6	鲁汇基地	22	/
7	浦江原选址基地	3.88	/
8	罗店基地	/	77.93
9	祁连基地	/	19.8
10	共康地块	/	3.2
11	云翔拓展基地	/	6.2
12	城北基地	/	7
13	黄渡基地	0.67	/
14	新城一站基地	/	32
15	华新拓展基地（徐泾北）	/	29.48
16	泗泾南拓展基地	/	13.76
17	佘山北基地	71.34	/
18	松江南站基地	19.27	/

三、住宅配套设施建设

（一）住宅配套项目和配套费投资

在配套费统筹区域 ①，2016 年，上海市配套费统筹区域城市基础设施配套费计划投资资金 2.89 亿元，后续调整后新列入投资计划约 2.13 亿元，全年实际完成投资约 5.02 亿元。配套费统筹区域启动新建住宅配套项目 221 个。其中，市政项目 182 个（储备项目 55 个）、独立公建项目 39 个。全年完成 217 个住宅项目的建设竣工配

---

① 根据上海市城市基础设施配套费相关规定，对黄浦区、长宁区、徐汇区、虹口区、杨浦区、静安区、普陀区，由市一级统筹配套费收取和投资使用管理。

套，涉及房屋 3194 幢、用地面积 993.18 万平方米、绿化配套面积 380.50 万平方米、建筑面积 1910.04 万平方米、住宅面积 1429.61 万平方米。

2016 年，上海市不断加强住宅配套项目的全方位、全覆盖、全过程的监督管理，包括质量、投资、工期等。重点推进徐汇滨江地区、长宁虹桥枢纽动迁基地（二期）、闵行上广电、普陀真如副中心和金光北块、静安工业园区、苏河湾、宝山西城区等区属重点项目建设；推进虹口区和静安区 4 条区区对接道路（虹口区安汾路、株洲路、三门路和静安区灵石路桥）的前期工作。截至 2016 年底，虹口区安汾路基本竣工，其余 3 条道路正式开工。

在配套费自筹区域①，2016 年，上海市配套费自筹区域（浦东新区、闵行区、宝山区、松江区、青浦区、嘉定区、奉贤区、金山区、崇明区）共计完成配套费征收 44.69 亿元，使用资金 52.24 亿元。

表 2-7　2016 年上海市配套费自筹区域配套费征收和使用情况

（单位：亿元）

区　　域	配套费征收	配套费使用
合　　计	44.69	52.24
浦东新区（不含临港地区）	6.82	9.13
闵行区	1.94	4.58
松江区	4.60	4.60
奉贤区	8.65	8.65
金山区	0.24	2.80
青浦区	6.94	9.64
嘉定区	6.05	5.58
宝山区	0.87	0.38
崇明区	4.88	4.88
临港地区	3.70	2.00

① 根据上海市城市基础设施配套费相关规定，对浦东新区、闵行区、宝山区、松江区、青浦区、嘉定区、奉贤区、金山区、崇明区，由各区对配套费进行自收自支，实行收支两条线管理。

（二）大型居住社区配套建设

在大型居住社区外配套项目①建设推进方面，随着第一、二轮大型居住社区外配套建设任务完成过半，上海市于 2016 年新启动第三轮嘉定黄渡、金山亭林、松江南部站和宝山顾村拓展 4 个基地共25 个大居外配套工程建设项目（道路 9 个、供排水 12 个、公交枢纽 4 个），计划总投资 93 亿元。

截至 2016 年底，实现新开工大型居住社区外配套项目 6 项，建成和基本建成 13 项，完成投资 38 亿元。至此，三轮项目累计开工 114 项，开工率为 82.6%；累计建成 98 项，完成率为 71%。

2016 年，上海市整合大型居住社区内、外配套业务，融合大型居住社区外配套推进办、大型居住社区建设推进办平台，形成一委两办的机构格局，与新建住宅交付使用许可有机结合，重点加强保障性住房交付工作的监管，对不满足基本配套要求的项目不予交付或整改到位后交付，确保配套及时完善。

2016 年，出台了《大型居住社区配套建设监管实施意见》、《关于加强大型居住社区市政公建配套设施接管和运营管理的若干意见》等文件。

在大型居住社区内配套②项目建设推进方面，2016 年，上海市各大型居住社区内配套建设任务共安排 455 项，其中开工任务 140 项、竣工任务 89 项、接管任务 147 项、开办任务 79 项。

截至 2016 年底，实际完成新开工 95 项、竣工 70 项、接管 123 项、开办 65 项，合计完成 353 项，完成率为 78%。

---

① 指大型居住社区居住区规划红线以外的配套项目。
② 指大型居住社区居住区规划红线以内的配套项目。

表 2-8　2016 年上海市大型居住社区内配套项目计划和完成情况

（单位：项）

	计　划					完　成				
	新开工	竣工	接管	开办	合计	新开工	竣工	接管	开办	合计
闵行区	17	16	36	29	98	11	14	31	30	86
松江区	36	25	26	6	93	13	15	21	3	52
浦东新区	40	19	34	21	114	41	23	32	15	111
青浦区	16	5	28	10	59	8	7	29	12	56
宝山区	11	20	21	13	65	2	8	8	5	23
嘉定区	10	2	0	0	12	10	2	0	0	12
奉贤区	10	2	2	0	14	10	1	2	0	13
合　计	140	89	147	79	455	95	70	123	65	353

四、住宅产业化和绿色建筑

（一）装配式建筑[1]

　　2016 年，上海市新开工装配式建筑项目面积为 1623.02 万平方米，占 2016 年房屋新开工面积的 57.13%。其中，装配式混凝土建筑面积为 1511.75 万平方米、钢结构建筑面积为 109.19 万平方米、现代木结构建筑面积为 2.08 万平方米。

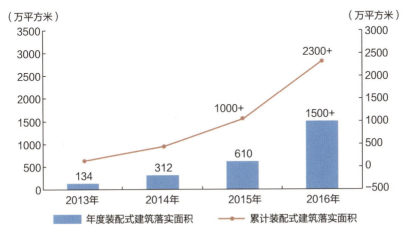

图 2-11　2013—2016 年上海市装配式建筑
在土地供应阶段落实装配式建筑面积

[1]　本部分资料来源于《上海市装配式建筑发展报告 2016》。

在项目类型方面，2016年在落实的装配式建筑中，居住建筑落实量占首位，约40%。其中，57.5%为商品住宅，其余均为保障性住房。公共建筑占全年装配式建筑总落实量的31%、工业建筑占18%，其他为混合功能性建筑，占11%。

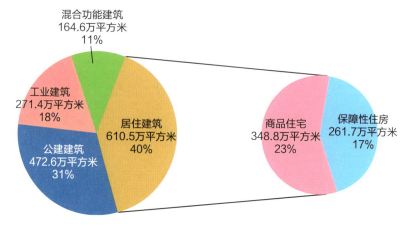

图 2-12   2016 年上海市装配式建筑项目类型占比统计

（二）绿色建筑 ①

2016年，上海市通过绿色建筑施工设计文件审图的项目总数量为782个，总建筑面积为3524万平方米，相比2015年，因建设规模稍有降低，审图规模也略有减少。

2016年，上海市共有101个项目获得绿色建筑标识。截至2016年底，累计获得绿色建筑标识的建筑项目总数量为398个、建筑面积为3423.69万平方米，规模和数量上均位居全国前列。其中，累计获得绿色建筑设计评价标识的建筑项目数量为377个、建筑面积为3070.78万平方米；累计获得绿色建筑运行评价标识的建筑项目总数量为21个、建筑面积为112.59万平方米。

---

① 本部分资料来源于《上海市绿色建筑发展报告 2016》。

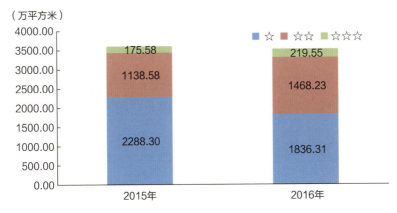

图 2-13　2015—2016 年上海市绿色建筑施工图设计文件审图面积统计

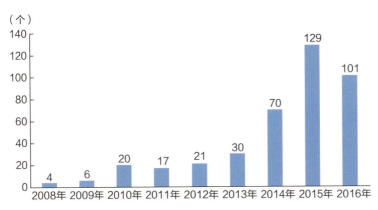

图 2-14　2008—2016 年上海市绿色建筑标识项目逐年个数对比

表 2-9　2016 年上海市公共建筑能耗监测、统计、能源审计、
能效公示和节能改造实施情况

（单位：栋，万平方米）

项　目	2016 年度完成量		截至 2016 年底累计完成量	
	数量	涉及建筑面积	数量	涉及建筑面积
能耗监测	213	852.7	1501	6572.2
能耗统计	1953	2885	69566	50427.31
能源审计	879	988.25	1912	2113.43
能效公示	141	411	568	550.96
节能改造	151	249.62	224	757.73

　　通过大力推动绿色建筑与生态城区建设，上海涌现出一批新的
以绿色建设理念为指导的生态城区，如宝山新顾城、虹口北外滩等。

依托 8 个低碳实践区、7 个郊区新城、6 个重点区域、5 个功能转换区，上海市绿色建筑规模化发展已获得卓有成效的建设成果。例如，虹桥商务区、世博园区等区域的绿色建筑均已得到大规模的推广应用，区域项目对绿色建筑的规模化应用起到了积极的推动作用。

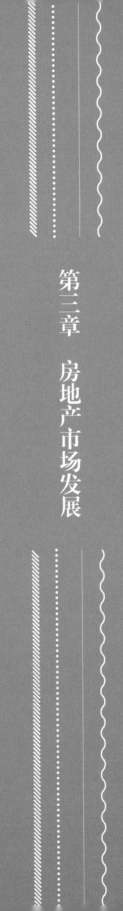

第二章　房地产市场发展

2016 年，上海市房地产市场"一波三折"，成交量波动较大。年内三次出台调控政策，调控成效显现。一季度受 2015 年全国房地产市场回暖的影响，上海市住房市场出现非理性过热情绪，成交量和价格同比均大幅上涨。3 月出台了"沪九条"，提高非上海市户籍居民家庭购房门槛，二季度的成交量有所下降。但随着 6 月、7 月土地出让价格大幅上涨以及 8 月出现市场谣言，非理性购房情绪重现，交易量和价格都上涨较快。随之主管部门及时澄清市场谣言并严肃查处市场违法违规问题，在 10 月出台了"沪六条"，强化销售环节的审核与销售现场的规范。11 月又出台差别化信贷政策，对"二套房贷"的认定恢复为"认房又认贷"、提高首套房和二套房的首付比例。随之市场渐趋稳定，交易量逐月下降，价格指数涨幅明显收窄。

2016 年，上海市土地供应规模进一步减少，为近五年来最低的一年，土地成交平均溢价率和成交楼面均价均为近五年来的最高值。同时，新建商品房销售面积为近五年来最高值，成交价格涨幅明显。

一、土地市场①

（一）土地供应总体情况

从供应规模来看，2016 年上海市推地规模不断减少。土地市场

---

① 土地市场所有资料由上海市土地交易中心提供。

共推出地块 202 幅，同比下降 14.4%。供应土地面积 854.9 公顷，同比下降 20.1%。规划建筑面积共计 1641.8 公顷，同比下降 15.5%。年供地幅数和面积均为近五年最低值，2012 年供地面积几乎是 2016 年的 3 倍。

图 3-1　2012—2016 年上海市土地供应幅数及面积

从成交规模来看，受供地的影响，2016 年上海市土地成交量大幅下降，全年土地市场共成交地块 191 幅，同比下降 14.7%。成交土地面积 807 公顷，同比下降 22.5%。规划建筑面积共计 1548.7 公顷，同比下降 17.8%。2016 年成交幅数和成交面积均为近五年最少的一年，接近 2012 年、2013 年、2014 年成交土地总量的 1/3、1/3、1/2。

图 3-2　2012—2016 年上海市成交土地幅数及面积

从成交土地面积结构来看，主要以中小型地块成交为主。成交土地面积在 1—5 公顷的幅数占到一半以上，达到 57.1%；其次是 5—10 公顷的用地，成交幅数占比近两成；1 公顷以下小面积宗地和 10 公顷以上较大面积宗地成交幅数占比相对较少，分别占 16.8% 和 6.8%。

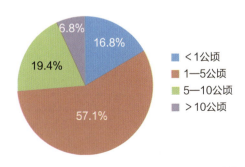

图 3-3　2016 年上海市成交土地面积结构

　　从成交土地用途结构来看，住宅用地成交最多，成交住宅用地面积占总用地面积的比重达到 45.3%，是出让面积最多的用地类型；工业用地位居其次，占比在三成左右；商服用地占比近两成；其他用地占比不足一成。

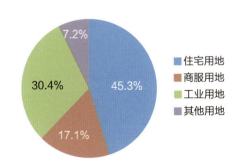

图 3-4　2016 年上海市成交各类用地面积占比

　　从成交土地区域分布来看，以郊区出让为主。2016 年成交的土地主要集中在郊区，中心城区的静安区、普陀区、虹口区、长宁区、杨浦区、徐汇区成交的土地仅占全市成交总量的 5.8%。具体到区县，浦东新区成交土地最多，超过 200 公顷；其次是松江区，超过 100 公顷，青浦区、闵行区、奉贤区、金山区、宝山区等郊区成交量均介于 50 至 100 公顷。而中心城区各区的成交量普遍低于 15 公顷，黄浦区未成交土地。

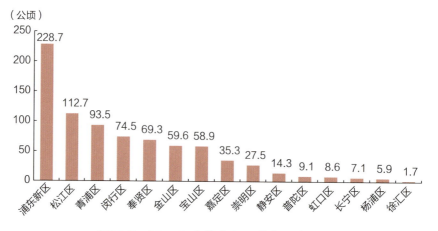

图 3-5　2016 年上海市各区成交土地面积

从土地出让收入来看，土地出让收入较上年略微下降。2016 年土地出让收入为 1639.0 亿元，同比下降 2.6%。受土地供应量不断减少的影响，土地出让收入自 2013 年起逐年下降，比 2013 年下降 27.6%，比 2014 年下降 7.2%。

图 3-6　2012—2016 年上海市土地出让收入

从出让收入的构成来看，2016 年超过七成出让收入来自住宅用地。住宅用地出让收入为 1196.2 亿元，占全年出让收入的 73.0%；商服用地出让收入为 393.8 亿元，占全年出让收入的 24.0%；工业用地出让收入为 31.1 亿元，占全年出让收入的仅 1.9%。

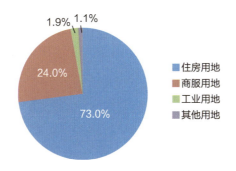

图 3-7　2016 年上海市各类用地出让收入占比

从出让收入的区县差异来看，逾 25% 的出让收入来自中心城区。2016 年，成交面积不足全市 6% 的静安区、普陀区、虹口区、长宁区、杨浦区、徐汇区等中心城区区域贡献了 428.3 亿元的土地出让金，占比达到 26.1%。具体来说，浦东新区、青浦区土地出让收入居首，分别为 277 亿元、229.5 亿元；松江区、静安区紧随其后，出让收入接近 200 亿元；宝山区、闵行区、虹口区、奉贤区的土地出让收入在 100—150 亿元区间左右浮动。金山区出让收入最低，仅 7.1 亿元。此外，黄浦区由于未出让土地，无出让收入。

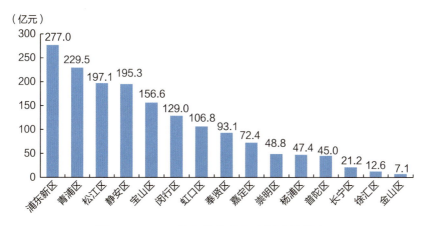

图 3-8　2016 年上海市各区土地出让收入

（二）住宅用地

从供应规模来看，2016 年上海市住宅用地供应量较 2015 年下降近四成。2016 年住宅用地供应幅数为 91 幅，同比下降 27.2%。供应土地面积 405.8 公顷，同比下降 42.0%。规划建筑面积共计 752.8 公顷，同比下降 42.1%。2013 年以来，住宅用地供应量逐年减少，2016 年供地幅数和面积均为近五年最低值。

图 3-9　2012—2016 年上海市住宅用地供应量

从成交规模来看，2016 年上海市住宅用地成交量较 2015 年下降近一半。住宅用地供应幅数为 82 幅，同比下降 32.8%。供应土地面积 365.3 公顷，同比下降 46.4%。规划建筑面积共计 678.6 公顷，同比下降 46.3%。2013 年以来，住宅用地成交量逐年减少，2016 年成交土地幅数和面积为近五年最低值。

图 3-10　2012—2016 年上海市住宅用地成交量

从成交土地区域分布来看，住宅用地主要分布在郊区。新增住宅用地最多的前三名依次为浦东新区、松江区、青浦区，其成交住宅用地面积总和占全市比重超过一半，达到 56.2%。中心城区的静安区、杨浦区、虹口区成交总面积占全市比重不足 5%，而黄浦区、徐汇区、杨浦区、长宁区无住宅用地成交。

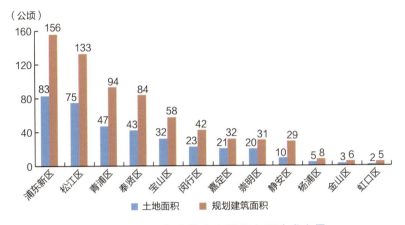

图 3-11　2016 年上海市各区住宅用地成交量

从成交价格来看，住宅用地价格同比大幅上涨，拿地竞争加剧。2016 年上海市住宅用地成交楼面均价为 17629 元 / 平方米，较 2015 年上涨 73.9%；平均溢价率较 2015 年上升 51 个百分点，达到 92%。这主要受到商品住宅用地成交溢价高的影响。

图 3-12　2012—2016 年上海市住宅用地成交楼面均价及溢价率

从各区成交价格来看，区域分化程度高。2016 年，上海市住宅用地成交楼面均价最高的区为虹口区，达 67409 元 / 平方米；静安区位居第二，成交楼面均价超过 60000 万元 / 平方米；第三是杨浦区，成交楼面均价为 44822 元 / 平方米。郊区成交楼面均价普遍低于 25000 元 / 平方米，其中，宝山区、嘉定区超过 20000 元 / 平方米，除远郊的金山区住宅用地成交楼面均价仅 6100 元 / 平方米外，其他郊区的成交价格介于 10000—20000 万元 / 平方米。

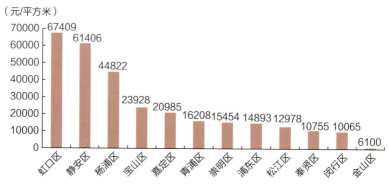

图 3-13　2016 年各区住宅用地成交楼面均价

从各区土地溢价程度来看，郊区拿地竞争激烈。崇明区成为 2016 年上海市住宅用地平均溢价率最高的区，达 225%。其次为浦东新区和宝山区，住宅用地平均溢价率分别为 140%、138%。其他区的住宅用地平均溢价率均低于 100%，最低为杨浦区，溢价率为 46%。

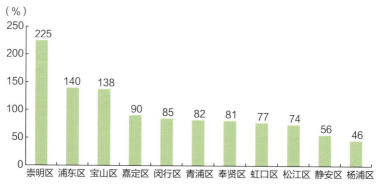

图 3-14　2016 年上海市各区住宅用地平均溢价率

从住宅用地成交热点地块来看，2016 年上海市总价高、单价高的热点地块主要集中在中心城区和外环线周边区域。住宅用地成交总价前 5 名和成交楼面单价前 5 名的地块分别位于中心城区的静安区、杨浦区、虹口区以及外环线周边区域的浦东新区祝桥、宝山区顾村和青浦区徐泾。

表3-1　2016年上海市住宅用地成交总价前5名地块

排名	地　块	区域	面积（公顷）	成交总价（亿元）	成交楼板价（元/平方米）	溢价率	开发商
1	静安区中兴社区 N070202 单元 332-01-A、333-01-A 地块	静安	3.10	110.10	100315	139.3%	融信
2	浦东新区祝桥镇中心镇区核心区 G-10 地块	浦东	14.03	88.00	33023	285.8%	金地
3	静安区天目社区 C070102 单元街坊及公共绿地地块	静安	2.5	69.3	38020	0.1%	华侨城、华润
4	宝山区顾村镇 N12-1101 单元 06-01 地块	宝山	7.02	67.90	53727	114.9%	建发、首开、中粮
5	宝山新城顾村 A 单元 10-03、10-05 地块	宝山	10.64	58.05	36962	303.4%	信达

表3-2　2016年上海市住宅用地成交楼面单价前5名地块

排名	地　块	区域	面积（公顷）	成交总价（亿元）	成交楼板价（元/平方米）	溢价率	开发商
1	静安区中兴社区 N070202 单元 332-01-A、333-01-A 地块	静安	3.10	110.10	100315	139.3%	融信
2	虹口区凉城新村街道 073-06 号地块	虹口	2.00	37.00	67409	77.4%	新城
3	宝山区顾村镇 N12-1101 单元 06-01 地块	宝山	7.02	67.90	53727	114.9%	建发、首开、中粮
4	杨浦区新江湾城 N091101 单元 A4-01（B3）地块	杨浦	3.98	31.55	52840	51.0%	融信
5	青浦区徐泾镇徐南路北侧 08-04 地块	青浦	0.83	6.00	45072	165.2%	中骏

　　从地块溢价排名来看，外环线周边区域以及郊区新城成为高溢价地块集中诞生地。2016年上海市住宅用地成交溢价率前5名地块分别位于宝山区顾村、浦东新区周浦和祝桥、青浦区徐泾、奉贤区南桥新城等区域。

表 3-3　2016 年上海市住宅用地成交溢价率前 5 名地块

排名	地　块	区域	面积（公顷）	成交总价（亿元）	成交楼板价（元/平方米）	溢价率	开发商
1	宝山区宝山新城顾村 A 单元 10-03、10-05 地块	宝山	10.64	58.05	36962	303.4%	信达
2	浦东新区周浦镇西社区 PDP0-1001 单元 A-03-11 地块	浦东	6.94	54.50	43607	295.8%	保利
3	浦东新区祝桥镇中心镇区核心区 G-10 地块	浦东	14.03	88.00	33023	285.8%	金地
4	青浦区徐泾镇蟠中路南侧 25-01 地块	青浦	2.51	21.06	41921	244.0%	中骏
5	奉贤区南桥新城 10 单元 01D-03 区域地块	奉贤	2.20	17.22	34005	240.0%	奉贤发展

（三）商业服务用地

从供应规模来看，2016 年上海市商服用地供应量较上年略有上升，供应幅数为 52 幅，同比下降 5.5%。供应土地面积为 145.2 公顷，同比上升 15.3%。规划建筑面积共计 352.9 公顷，同比上升 14.4%。商服用地供应量自 2013 年以来逐年减少，2016 年首次出现回升，但供应土地幅数和面积为近五年较低值，供应规模仅高于 2015 年。

图 3-15　2012—2016 年上海市商服用地供应量

　　从成交规模来看，2016 年上海市商服用地成交量较 2015 年下降近一半；商服用地成交幅数为 50 幅，同比上升 4.2%。成交土地面积为 137.7 公顷，同比上升 21.6%。规划建筑面积共计 334.0 公顷，同比上升 21.6%。2013 年以来，商服用地成交量逐年减少，2016 年首次出现回升，但成交土地幅数和面积仍为近五年较低值，成交规模仅高于 2015 年。

　　从成交土地区域分布来看，商服用地主要分布在郊区。2016 年普陀区、虹口区、静安区、徐汇区、杨浦区等中心城区的新增商服用地面积占全市的比重为 21%。其中，新增商服用地最多的是青浦

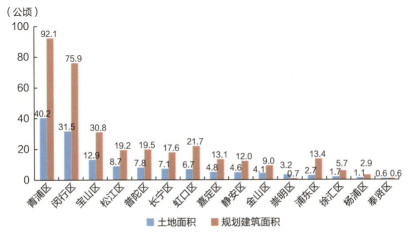

图 3-17　2016 年上海市各区商服用地成交量

区，成交总面积占全市比重近三成；其次是闵行区和宝山区，成交量占比分别为22.9%、9.4%；其余各区成交商服用地面积均小于10公顷，奉贤区成交量最小，仅0.6公顷。此外，中心城区的黄浦区无商服用地成交。

从成交价格来看，2016年上海市商服用地价格虽较上年小幅下降，但市场热度增加。2016年商服用地成交楼面均价为11790.6元/平方米，较2015年下降8.2%。这主要受供地区位因素影响。中心城区成交的商服用地比重要低于2015年，平均溢价率为33%，比2015年上升了28%。

图3-18　2012—2016年上海市商服用地成交楼面均价及溢价率

从各区成交价格来看，个别郊区的价格赶超中心城区。2016年，杨浦区商服用地成交楼面均价最高，达到37708元/平方米。其次，

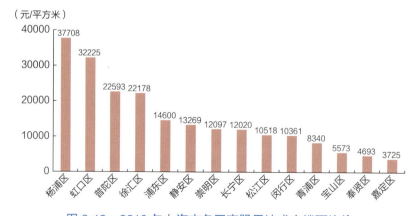

图3-19　2016年上海市各区商服用地成交楼面均价

中心城区的虹口区、普陀区、徐汇区商服用地每平方米楼面均价都超过 20000 元 / 平方米。其余各区价格普遍低于 15000 元 / 平方米。其中，崇明区的商服用地价格超过了中心城区的长宁区。奉贤区、嘉定区的商服用地成交楼面均价最低，不足 5000 元 / 平方米。

从各区土地溢价程度来看，区域分化程度高。松江区、杨浦区成为 2016 年商服用地平均溢价率最高的区，溢价率均过百，分别达到 170.0% 和 134.4%。其次，嘉定区、闵行区商服用地平均溢价率介于 50%—100% 之间。其余区的商服用地平均溢价率普遍低于 50%，浦东新区、崇明区、长宁区、奉贤区、金山区为底价成交。

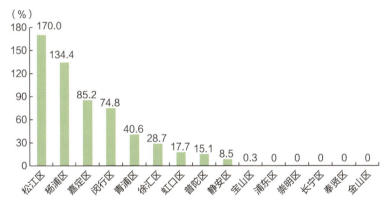

图 3-20　2016 年上海市各区商服用地平均溢价率

表 3-4　2016 年上海市商服用地成交总价前 5 名地块

排名	地　块	区域	面积（公顷）	成交总价（亿元）	成交楼板价（元/平方米）	溢价率	开发商
1	普陀区长风新村街道苏州河滨河地区长风 10 号南地块	普陀	7.81	44.10	22593	15.1%	逸合投资
2	虹口区提篮桥街道 HK322-01 号地块	虹口	1.41	25.55	45153	18.8%	金茂
3	闵行区颛桥镇闵行新城 MHPO-1101 单元 03-05、04-02 地块	闵行	8.36	25.00	12861	117.9%	龙湖
4	闵行区莘庄镇闵行新城 MHPO-0201 单元地块	闵行	3.98	23.05	18521	178.3%	华君
5	长宁区新泾镇 342 街坊 1/1 丘 cn004c-02 地块	长宁	7.05	21.19	12020	0.0%	宜家

从商服用地成交热点地块来看，2016 年总价高、单价高的热点地块主要集中在中心城区商圈和闵行新城商圈。2016 年商服用地成交总价前 5 名和成交楼面单价前 5 名的地块分别位于中心城区的普陀区、虹口区、长宁区、杨浦区和闵行新城。

表 3-5　2016 年上海市商服用地成交楼面单价前 5 名地块

排名	地　　块	区域	面积（公顷）	成交总价（亿元）	成交楼板价（元/平方米）	溢价率	开发商
1	虹口区江湾镇街道 A01-01 号地块	虹口	0.20	0.42	70050	0.0%	中石化（上海市）
2	杨浦区平凉社区 01C2-02 地块（73 街坊）	杨浦	0.80	9.67	48582	177.6%	杨浦科创
3	虹口区提篮桥街道 HK322-01 号地块	虹口	1.41	25.55	45153	18.8%	金茂
4	虹口区四川北路街道 HK172-13 号地块	虹口	0.46	7.5	41028	78.6%	前海人寿
5	虹口区四川北路街道 HK226-06 号地块	虹口	0.89	13.35	37351	24.5%	虹房置业

从 2016 年上海市商服用地成交溢价率排名来看，前 5 名成交地块均位于靠近虹桥商务区的青浦区徐泾镇，溢价率均超过 200%，最大高达 284.1%。

表 3-6　2016 年上海市商服用地成交溢价率前 5 名地块

排名	地　　块	区域	面积（公顷）	成交总价（亿元）	成交楼板价（元/平方米）	溢价率	开发商
1	青浦区徐泾镇徐南路北侧 07-02C 地块	青浦	0.80	4.60	23046	284.1%	前海人寿
2	青浦区西虹桥蟠臻路西侧 27-04 地块	青浦	2.27	12.47	21986	263.9%	前海人寿
3	青浦区徐泾镇徐南路北侧 07-02A 地块	青浦	0.70	3.8	21574	259.5%	前海人寿
4	青浦区徐泾镇徐南路北侧 07-02B 地块	青浦	0.75	3.98	21185	253.1%	前海人寿
5	青浦区徐泾镇徐南路北侧 07-02D 地块	青浦	0.84	4.3	20426	240.4%	前海人寿

二、商品房市场

（一）商品房市场整体情况

● 1. 新建商品房市场 ●

2016 年，上海市新建商品房销售面积为 2705.69 万平方米，比 2015 年增长 11.28%。

表 3-7   2012—2016 年上海市新建商品房销售面积及增幅

（单位：万平方米，%）

年　份	2012 年	2013 年	2014 年	2015 年	2016 年
新建商品房销售面积	1898.46	2382.2	2084.66	2431.36	2705.69
新建商品房销售面积增幅	7.18	25.48	−12.49	16.63	11.28

数据来源：上海市统计年鉴、上海市房屋管理系统统计资料汇编

2016 年，上海市新建商品房销售单价为 24747.29 元 / 平方米，比上年增长 18.13%，增幅有所下调。

表 3-8   2012—2016 年上海市新建商品房销售单价与增幅

（单位：元 / 平方米，%）

	2012 年	2013 年	2014 年	2015 年	2016 年
新建商品房销售单价	14061.34	16419.99	16787.05	20949.39	24747.29
新建商品房单价增幅	−3.04	16.77	2.24	24.79	18.13

数据来源：上海市统计年鉴、上海市房屋管理系统统计资料汇编

● 2. 存量商品房市场 ●

2016 年，上海市存量商品房成交 395715 套，比上年增长 30.42%；成交面积为 3398.31 万平方米，比上年增长 28.34%；成交单套面积为 85.88 平方米。

从存量商品房销售面积的性质结构来看，2016 年上海市住宅和商业办公用房的销售面积均为过去 5 年中最高的一年，且占比较上年有所增长。其中，商业办公用房占比结构从 2015 年的 3.55% 增长到 2016 年的 4.38%。

表3-9　2012—2016年上海市存量商品房成交套数、面积、增幅及单套面积

(单位：套，万平方米，%，平方米/套)

	2012年	2013年	2014年	2015年	2016年
成交套数	157585	291176	177083	303414	395715
成交套数增幅	7.82	84.77	−39.18	71.34	30.42
成交面积	1446.77	2575.7	1586.14	2647.83	3398.31
成交面积增幅	3.44	78.03	−38.42	66.94	28.34
成交单套面积	91.81	88.46	89.57	87.27	85.88

数据来源：上海市统计年鉴、上海市房屋管理系统统计资料汇编

表3-10　2012—2016年上海市存量商品房销售结构情况

(单位：万平方米，%)

	2012年	2013年	2014年	2015年	2016年
销售面积					
存量商品房	1446.77	2575.7	1586.14	2647.83	3398.31
其中：住宅	1136.17	2228.02	1324.18	2351.3	3023.79
商业办公用房	104.05	112.77	93.51	93.89	148.84
占比结构					
存量商品房	100.00	100.00	100.00	100.00	100.00
其中：住宅	78.53	86.50	83.48	88.80	89
商业办公用房	7.19	4.38	5.90	3.55	4.38

数据来源：上海市统计年鉴、上海市房屋管理系统统计资料汇编

（二）商品住宅市场

　　商品住宅市场分为新建商品住宅市场和存量商品住宅市场。其中，新建商品住宅包括新建市场化商品住宅和政策性商品住宅。政策性商品住宅包括征收安置住房和（临港地区）限价商品住宅，均属于住房保障范畴，由政府进行供应分配。为了更清晰地反映纯上海市市场化部分的住房供求情况，本部分在简要梳理新建商品住宅整体情况后，重点聚焦新建市场化商品住宅的市场分析。

● 1. 新建商品住宅市场 ●

　　2016年，上海市新建商品住宅月度成交规模呈现一定的波动

性。1月、3月、8月是三个成交规模最大的月份，8月之后成交规模开始下滑。3月是全年销售规模最大的月份，规模达23882套；2月是全年成交规模最小的月份，规模为10427套。

数据来源：上海市房地产交易中心

图 3-21　2016 年上海市新建商品住宅月度成交套数

2016 年，上海市新建商品住宅销售价格指数呈现"先增后稳"的态势。1月到7月价格指数逐月攀升，7月到9月价格指数攀升速度进一步加速，但9月以后价格指数开始趋稳，12月比11月略有下降。

2016 年，上海市新建商品住宅价格指数全年涨幅（定基指数）为 45.5%，超过 2011—2015 年 5 年累计涨幅 40.5%。

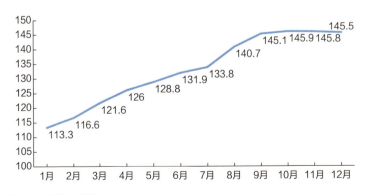

数据来源：国家统计局

图 3-22　2016 年上海市新建商品住宅销售价格指数（2015 年＝100）

2016 年，上海市新建商品住宅销售面积为 2225.4 万平方米，比上年增长 10.76%。

表 3-11　2012—2016 年上海市新建商品住宅销售规模与结构

（单位：万平方米，%）

	2012 年	2013 年	2014 年	2015 年	2016 年
新建商品住宅销售面积	1592.63	2015.81	1780.91	2009.17	2225.4
新建商品住宅销售面积增幅	8.07	26.57	−11.65	12.82	10.76

数据来源：上海市统计年鉴、上海市房屋管理系统统计资料汇编

2016 年，上海市新建商品住宅销售单价为 23515.97 元 / 平方米，比上年增长 9.37%。

表 3-12　2012—2016 年上海市新建商品住宅销售单价与增幅

（单位：元 / 平方米，%）

	2012 年	2013 年	2014 年	2015 年	2016 年
新建商品住宅销售单价	13869.89	16192.15	16415.43	21501.07	23515.97
新建商品住宅销售单价增幅	3.13	16.74	1.38	30.98	9.37

数据来源：上海市统计年鉴、上海市房屋管理系统统计资料汇编

● 2. 新建市场化商品住宅市场 ●

● 月度分析

从 2016 年上海市新建市场化商品住宅市场来看，月度期初可售套数呈整体下滑态势。期间仅 5 月、6 月两月期初可售套数有所增加。1 月初可售套数为 71821 套，到 12 月初可售套数为 40708 套。

从月度成交套数来看，1 月、3 月、8 月为成交套数最高的 3 个月。其中 3 月为全年成交套数最高的月，规模达 16675 套，11 月为全年成交套数最低的月，规模仅为 3877 套。

从各月供需套数 [①] 对比情况来看，2 月该指标最低，3 月和 8 月该指标最高。但 8 月以后该指标快速下降。

———————

① 供需套数是指期内成交套数 / 期初可售套数。

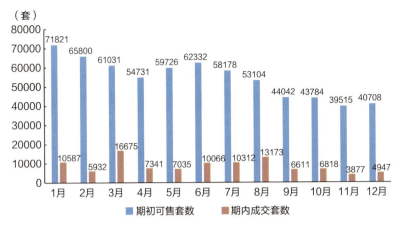

数据来源：上海市房地产交易中心

图 3-23　2016 年上海市新建市场化商品住宅月度供求套数

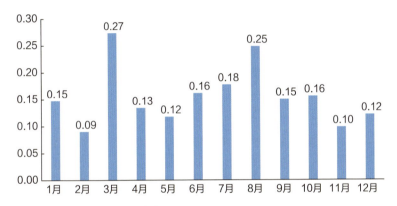

数据来源：上海市房地产交易中心

图 3-24　2016 年上海市新建市场化商品住宅月度期内
成交套数 / 期初可售套数

　　从环线分布来看，2016 年，上海市新建市场化商品住宅成交套数集中在外环外，占比为 81.66%，内外环间占比为 11.55%，内环内占比为 6.8%。从月度发展来看，外环外成交占比呈现上升趋势，从 1 月的 76.84% 上升到 12 月的 89.53%，内环内和内外环的占比都减少。

　　从价格分布来看，2016 年，上海市新建市场化商品住宅成交套数集中在 20000—40000 元 / 平方米，占比为 48.59%。从月度情况来看，20000 元 / 平方米以下和 20000—40000 元 / 平方米的成交占比呈现下降趋势，40000—60000 元 / 平方米、60000 元 / 平方米以上的占比呈现上升趋势。

表 3-13　2016 年上海市新建市场化商品住宅月度成交套数环线结构　（单位：%）

	内环内	内外环间	外环外	合计
1 月	8.26	14.91	76.84	100
2 月	8.75	13.91	77.34	100
3 月	5.75	11.38	82.87	100
4 月	3.08	8.05	88.87	100
5 月	7.46	10.55	81.99	100
6 月	6.71	7.24	86.05	100
7 月	6.33	11.44	82.22	100
8 月	8.21	16.07	75.72	100
9 月	7.56	12.15	80.29	100
10 月	5.60	11.66	82.74	100
11 月	9.80	10.60	79.60	100
12 月	5.07	5.40	89.53	100
合计	6.80	11.55	81.66	100

数据来源：上海市房地产交易中心

表 3-14　2016 年上海市新建市场化商品住宅月度成交价格结构

（单位：%）

	<20000 平方米以下	20000—40000 元 / 平方米	40000—60000 元 / 平方米	>60000 平方米以上	合计
1 月	26.46	49.63	13.68	10.22	100
2 月	26.65	49.14	12.53	11.68	100
3 月	31.13	48.59	11.23	9.05	100
4 月	33.75	48.03	12.46	5.76	100
5 月	25.76	48.05	16.37	9.81	100
6 月	24.63	53.98	10.70	10.68	100
7 月	25.21	50.67	11.50	12.61	100
8 月	17.14	47.67	16.09	19.10	100
9 月	14.79	43.29	24.99	16.93	100
10 月	12.59	49.76	18.37	19.28	100
11 月	20.37	44.22	14.95	20.46	100
12 月	26.84	45.52	16.51	11.13	100
合计	24.32	48.59	14.44	12.65	100

数据来源：上海市房地产交易中心

从面积分布来看，2016年上海市新建市场化商品住宅成交套数集中在90—140平方米，占比为42.53%；其次为90平方米以下，占比为32.18%；140平方米以上的占比为25.29%。从月度情况来看，140平方米以上套型成交占比呈下降趋势，从1月的26.63%下降到12月的17.95%。90平方米以下以及90—140平方米的占比都呈上升趋势，其中90平方米以下的占比上升幅度最大，从1月的30.17%上升到12月的35.64%；90—140平方米从1月的43.2%上升到12月的46.41%。

表3-15　2016年上海市新建市场化商品住宅月度成交面积结构　（单位：%）

	<90平方米	90—140平方米	>140平方米	合计
1月	30.17	43.20	26.63	100
2月	33.31	40.66	26.03	100
3月	31.59	42.40	26.01	100
4月	36.34	43.70	19.96	100
5月	37.85	39.86	22.29	100
6月	38.08	41.30	20.62	100
7月	31.94	44.85	23.21	100
8月	26.68	42.03	31.30	100
9月	26.59	45.24	28.17	100
10月	29.91	43.12	26.97	100
11月	33.48	34.92	31.60	100
12月	35.64	46.41	17.95	100
合计	32.18	42.53	25.29	100

数据来源：上海市房地产交易中心

从房屋类型分布来看，2016年上海市新建市场化商品住宅成交套数主要集中在公寓，占比为88.89%。从月度情况来看，公寓占比略有下降，花园住宅和联列住宅占比略有上升。其中，8月—11月花园住宅、联列住宅占比上升幅度较大、公寓占比下降，11月—12月花园住宅、联列住宅占比下降、公寓占比上升。

表 3-16 2016 年上海市新建市场化商品住宅月度成交性质结构 （单位：%）

	公 寓	花园住宅	联列住宅	合 计
1 月	90.96	1.72	7.32	100
2 月	91.52	1.58	6.90	100
3 月	90.45	1.98	7.57	100
4 月	88.46	2.64	8.90	100
5 月	89.50	1.69	8.81	100
6 月	90.62	1.66	7.73	100
7 月	90.48	1.57	7.95	100
8 月	87.08	2.77	10.15	100
9 月	87.80	2.48	9.72	100
10 月	84.06	4.11	11.84	100
11 月	80.65	3.57	15.78	100
12 月	88.17	2.97	8.86	100
合计	88.89	2.26	8.85	100

数据来源：上海市房地产交易中心

● 年度分析

2016 年是过去五年中新建市场化商品住宅上市套数最少的一年，仅为 69570 套；在成交套数上在过去五年中排名第二，为 103374 套。从供求比来看，2016 年是过去五年中最高的一年，期间成交套数 / 期间上市套数达到 1.49，供不应求的局面较为严峻。

表 3-17 2012—2016 年上海市新建市场化商品住宅供需套数情况

	期间上市套数	期内成交套数	期内成交套数 / 期间上市套数
2012 年	70048	73013	1.04
2013 年	93449	92562	0.99
2014 年	104426	74719	0.72
2015 年	99440	114137	1.15
2016 年	69579	103374	1.49

数据来源：上海市房地产交易中心

从期末可售套数情况来看，2016 年是过去五年中规模最小的一年。

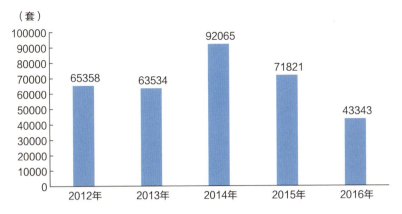

数据来源：上海市房地产交易中心

图 3-25　期末上海市新建市场化商品住宅可售套数

从新建市场化商品住宅成交套数的区域分布来看，2016年分布规模前五位的区依次是浦东新区、嘉定区、松江区、奉贤区和青浦

表 3-18　2012—2016 年上海市新建市场化商品住宅成交套数区域结构

（单位：%）

	2012 年	2013 年	2014 年	2015 年	2016 年
宝山区	14.94	12.16	12.32	9.93	7.49
崇明区	1.22	1.06	1.26	1.57	1.75
奉贤区	5.44	6.36	5.83	6.98	10.21
虹口区	0.22	0.66	0.45	0.67	0.94
黄浦区	0.44	0.52	0.84	1.07	1.67
嘉定区	16.61	14.92	18.25	15.11	14.31
金山区	4.01	7.00	6.30	6.13	6.97
静安区	2.55	1.93	1.37	2.77	2.52
闵行区	8.35	9.21	8.35	6.87	6.84
浦东新区	20.67	20.12	18.91	21.41	20.23
普陀区	4.40	3.78	2.54	2.14	1.72
青浦区	7.91	9.39	8.99	7.87	9.66
松江区	8.73	8.45	10.43	12.86	13.08
徐汇区	1.34	1.12	1.17	1.49	1.34
杨浦区	2.12	2.78	2.57	2.40	0.88
长宁区	1.04	0.52	0.41	0.73	0.39
合　计	100	100	100	100	100

数据来源：上海市房地产交易中心

区。从过去五年的情况来看，浦东新区、嘉定区一直是成交规模最大的两个区，青浦区和松江区有四年名列前五，奉贤区仅在 2016 年才进入前五，取代之前连续四年名列前五的宝山区。

从新建市场化商品住宅成交套数的环线分布来看，2016 年，外环外占比达 81.66%；其次为内外环间，占比为 11.55%；内环内占比最小，占比为 6.8%。从过去五年的情况来看，外环外占比呈攀升趋势，2012 年外环外占比为 73.91%，除了 2015 年该比例比上年有所下降，其余年份均呈上升趋势。其次，内环内的占比在过去五年也呈上升趋势。从 2012 年的 3.1% 上升到 2016 年的 6.8%。内外环间占比呈下降趋势。2012 年该比例为 22.99%，除了 2015 年该比例比上年上升外，其余年份该比例均呈下降趋势，到 2016 年仅为 11.55%。

表 3-19　2012—2016 年上海市新建市场化商品住宅成交套数环线结构

（单位：%）

	2012 年	2013 年	2014 年	2015 年	2016 年
内环内	3.10	4.03	3.63	4.94	6.80
内外环间	22.99	19.12	14.73	20.22	11.55
外环外	73.91	76.84	81.64	74.85	81.66
合　计	100	100	100	100	100

数据来源：上海市房地产交易中心

从新建市场化商品住宅成交套数的价格分布来看，2016 年成交套数最集中的是 20000—40000 元 / 平方米，占比为 48.59%；其次为 20000 元 / 平方米以下，占比为 24.32%；40000—60000 元 / 平方米的占比为 14.44%；60000 元 / 平方米以上的占比为 12.65%。从过去五年的发展趋势来看，20000 元 / 平方米以下的成交占比逐年快速下降；其余的价格档次住房占比均逐年攀升。

表 3-20　2012—2016 年上海市新建市场化商品住宅成交套数价格结构

（单位：%）

	2012 年	2013 年	2014 年	2015 年	2016 年
>60000 元 / 平方米以上	1.16	1.29	2.43	6.51	12.65
40000—60000 元 / 平方米	3.30	8.15	10.67	12.22	14.44
20000—40000 元 / 平方米	29.90	33.19	38.33	47.97	48.59
<20000 元 / 平方米以下	65.64	57.36	48.57	33.30	24.32
合　计	100	100	100	100	100

数据来源：上海市房地产交易中心

　　从新建市场化商品住宅成交套数的面积分布来看，2016 年上海市成交占比最大的是 90—140 平方米，占比为 42.53%；其次为 90 平方米以下，占比为 32.18%；最少的是 140 平方米以上，占比为 25.29%。从过去五年的情况来看，2016 年 140 平方米以上住房成交套数占比是最高的一年，90—140 平方米住房成交套数占比是最低的一年。

表 3-21　2012—2016 年上海市新建市场化商品住宅成交套数面积结构

（单位：%）

	2012 年	2013 年	2014 年	2015 年	2016 年
>140 平方米	20.87	24.25	20.15	22.15	25.29
90—140 平方米	43.10	44.72	45.27	48.48	42.53
<90 平方米	36.03	31.03	34.58	29.36	32.18
合　计	100	100	100	100	100

数据来源：上海市房地产交易中心

　　从新建市场化商品住宅成交套数的房屋类型分布来看，2016 年上海市的成交类型主要集中在公寓，占比为 88.89%，其次为联列住宅，占比为 8.85%，占比最小的是花园住宅，占比为 2.26%。从过去五年的情况来看，公寓占比总体呈下降趋势，联列住宅占比总体呈上升趋势，花园住宅则呈现一定的波动性，但 2016 年占比是过去五年中最高的。

表 3-22　　2012—2016 年上海市新建市场化商品住宅成交套数房屋类型

（单位：%）

	2012 年	2013 年	2014 年	2015 年	2016 年
公　　寓	93.65	94.09	93.21	92.65	88.89
花园住宅	1.58	1.35	1.44	1.33	2.26
联列住宅	4.76	4.56	5.35	6.02	8.85
合　　计	100	100	100	100	100

数据来源：上海市房地产交易中心

● 3. 存量商品住宅市场 ●

● 月度分析

从 2016 年上海市各月度存量商品住宅供应套数来看，期初网上挂牌套数整体呈上升趋势。从成交套数来看，3 月、5 月和 8 月为年度成交套数最多的三个月份，8 月以后成交套数逐月降低。

数据来源：上海市房地产交易中心

图 3-26　2016 年上海市月度存量商品住宅供需套数

从 2016 年各月度存量商品住宅成交 / 供应比来看，1 月、3 月和 8 月是最高的三个月，从 8 月后该比例逐月下降，12 月降低到全年最低的低点。

从二手住房销售价格指数来看，1—9 月该价格指数逐月较快增长，9 月以后该指数进入趋稳的状态，11 月、12 月都略有下降。

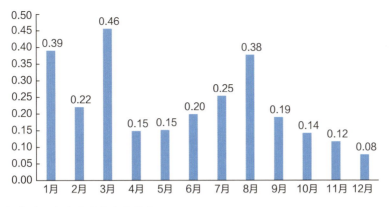

数据来源：上海市房地产交易中心

图 3-27　2016 年上海市期内成交套数 / 期初网上挂牌套数

二手存量住房价格指数 2016 年涨幅（定基指数）为 40.9%，涨幅超过 2011—2015 年五年累计涨幅。

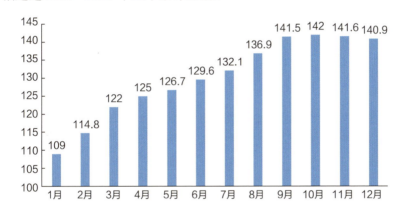

数据来源：国家统计局

图 3-28　2016 年上海市存量住宅销售价格指数（2015 年＝100）

● 年度分析

从存量住房的供求情况来看，2016 年上海市的成交套数是过去

表 3-23　2014—2016 年上海市存量住房供求情况　　　（单位：套）

	期初网上挂牌套数	期内成交套数	期内成交套数 / 期初网上挂牌套数
2014 年	122713	180958	1.47
2015 年	82887	363607	4.39
2016 年	117163	376903	3.22

数据来源：上海市房地产交易中心

五年中最高的，为 376903 套；从期内成交套数 / 期初网上挂牌套数来看，在 2014—2016 年的三年中，2016 年处于中位水平。

2016 年，上海市存量住房成交面积为 3398.31 万平方米，比上年增长 44.53%。

表 3-24   2012—2016 年上海市存量商品住宅成交面积及增幅

（单位：万平方米；%）

	2012 年	2013 年	2014 年	2015 年	2016 年
存量住房成交面积	1136.17	2228.02	1324.18	2351.3	3398.31
存量住房成交面积增幅	7.32	96.10	−40.57	77.57	44.53

数据来源：上海市统计年鉴、上海市房屋管理系统统计资料汇编

表 3-25   2012—2016 年上海市存量商品住宅成交套数的区际分布

（单位：%）

	2012 年	2013 年	2014 年	2015 年	2016 年
宝山区	11.04	10.53	10.71	11.67	10.07
崇明区	1.95	2.11	3.47	2.24	2.20
奉贤区	3.05	4.19	3.17	2.39	4.65
虹口区	3.66	3.60	3.45	3.37	2.99
黄浦区	1.74	1.82	1.81	1.79	1.51
嘉定区	4.30	4.54	5.24	5.49	6.03
金山区	2.79	3.73	3.65	2.34	4.39
静安区	5.47	5.03	4.89	5.13	4.25
闵行区	13.42	12.34	11.80	11.57	11.06
浦东新区	20.70	20.57	20.61	23.65	22.40
普陀区	7.47	6.50	6.55	6.56	5.74
青浦区	2.80	3.35	2.55	2.45	3.83
松江区	5.68	6.16	6.19	6.01	7.12
徐汇区	5.84	5.68	5.99	5.60	4.81
杨浦区	6.02	5.84	5.72	5.80	5.53
长宁区	4.07	4.00	4.18	3.95	3.44
合 计	100	100	100	100	100

数据来源：上海市房地产交易中心

从存量商品住宅的成交规模区域区域分布来看，2016年占比最高的前五个区依次为浦东新区、闵行区、宝山区、松江区和嘉定区。其中浦东新区、闵行区和宝山区在过去五年中都名列前三，且占比较高。松江区在过去连续四年中名列前五，嘉定区取代普陀区在2016年进入前五。

从存量商品住宅成交规模的环线分布来看，2016年外环外占比首次超过50%，其次为内外环间占比为36.65%，内环内占比为12.45%。从过去五年的情况来看，各环线占比存在一定的波动性。其中，内环内2012—2015年都呈上升趋势，到2016年大幅降低，为五年内最低水平。内外环间占比整体处于下降趋势。外环外从2013年开始逐年下降，但2016年突然上升，成为五年中最高的一年。

表3-26　2012—2016年上海市存量商品住宅成交套数的环线分布　（单位：%）

	2012年	2013年	2014年	2015年	2016年
内环内	14.70	14.79	15.15	15.57	12.45
内外环间	43.23	39.19	39.61	41.71	36.65
外环外	42.07	46.02	45.24	42.72	50.89
合　计	100	100	100	100	100

数据来源：上海市房地产交易中心

从存量商品住宅成交规模的面积分布来看，2016年90平方米以下的住宅成交占比最高，为66.95%；其次为90—140平方米的住房，占比为25.22%；占比最小的是140平方米以上的住房，占比为7.82%。从过去五年的情况来看，140平方米以上占比呈上升趋势，其他的占比波动较大，但仅就2016年与2012年相比，90—140平方米占比基本不变，90平方米以下占比减少。

表 3-27　2012—2016 年上海市存量商品住宅成交套数的面积分布

（单位：%）

	2012 年	2013 年	2014 年	2015 年	2016 年
>140 平方米	5.58	6.89	6.86	7.48	7.82
90—140 平方米	25.14	26.36	23.84	26.38	25.22
<90 平方米	69.28	66.75	69.29	66.14	66.95
合　　计	100	100	100	100	100

数据来源：上海市房地产交易中心

从存量商品住宅成交规模的价格分布来看，2016 年占比最高的是 20000—40000 元 / 平方米，占比为 42.48%，其次为 20000 元 / 平方米以下的住宅，占比为 31.61%；40000—60000 元 / 平方米的占比为 19.63%，60000 元 / 平方米以上的占比为 6.28%。从过去五年的情况来看，20000 元 / 平方米以下的住宅占比逐年下降，20000—40000 元 / 平方米住宅在 2012—2015 年逐年上升，但 2016 年比 2015 年有较大幅度下降。相比之下，40000 元 / 平方米以上的住宅占比逐年较快增长。

表 3-28　2012—2016 年上海市存量商品住宅成交套数的价格分布

（单位：%）

	2012 年	2013 年	2014 年	2015 年	2016 年
20000 元 / 平方米以下	70.61	60.31	49.02	36.81	31.61
20000—40000 元 / 平方米	28.12	37.26	46.36	53.67	42.48
40000—60000 元 / 平方米	1.10	2.10	4.06	8.16	19.63
60000 元 / 平方米以上	0.17	0.32	0.57	1.36	6.28
合　　计	100	100	100	100	100

数据来源：上海市房地产交易中心

从存量商品住宅成交规模的结构分布来看，2016 年上海市公寓占比为 97.9%，联列住宅占比为 1.14%，花园住宅占比为 0.96%。从过去五年的情况来看，公寓占比逐年降低，花园住宅和联列住宅占比都呈增长趋势。

表 3-29　2012—2016 年上海市存量商品住宅成交性质分布 （单位：%）

	2012 年	2013 年	2014 年	2015 年	2016 年
公寓	98.88	98.45	98.25	98.35	97.90
花园住宅	0.55	0.71	0.87	0.76	0.96
联列住宅	0.58	0.84	0.88	0.89	1.14
合计	100	100	100	100	100

数据来源：上海市房地产交易中心

从上海市存量住房成交套数 / 新建商品住宅成交套数指标来看，2016 年为 3.22，低于 2015 年，比 2012、2013 和 2014 年高。

表 3-30　2012—2016 年上海市存量商品住宅市场
与新建商品住宅市场的规模比较 （单位：套）

	新建商品住宅成交套数	存量住房成交套数	存量住房成交套数 / 新建商品住宅成交套数
2012 年	170108	188176	1.11
2013 年	142339	297583	2.09
2014 年	122713	180958	1.47
2015 年	82887	363607	4.39
2016 年	117163	376903	3.22

数据来源：上海市房地产交易中心

从各区存量住房成交套数 / 新建商品住宅成交套数来看，2016 年中心城区该数值较高，郊区该数值较低。从过去五年的情况来看，除了虹口区、黄浦区、崇明区和青浦区有所下降，其他各区该数值呈逐年上升的趋势。

表 3-31　2012—2016 年上海市各区存量住房成交套数 / 新建商品住宅成交套数
（单位：套）

	2012 年	2013 年	2014 年	2015 年	2016 年
长宁区	4.08	13.81	7.94	9.88	15.42
普陀区	2.35	3.07	2.76	5.29	8.97
杨浦区	3.03	2.71	3.01	5.71	8.73

	2012 年	2013 年	2014 年	2015 年	2016 年
徐汇区	2.51	4.62	4.57	5.01	5.12
静安区	3.00	4.53	1.55	4.41	4.84
虹口区	29.68	11.23	11.44	8.22	3.09
黄浦区	8.56	2.71	2.63	3.72	2.95
闵行区	1.63	1.58	1.16	1.72	1.98
宝山区	1.07	1.70	1.22	1.49	1.84
浦东新区	1.13	1.30	0.99	1.92	1.83
金山区	1.24	1.23	0.89	0.92	1.64
奉贤区	1.01	1.26	0.80	0.77	1.31
松江区	0.65	1.16	0.79	0.72	1.23
嘉定区	0.34	0.57	0.43	0.78	1.04
崇明区	1.29	1.70	1.64	3.41	0.98
青浦区	0.70	0.71	0.28	0.44	0.60

数据来源：上海市房地产交易中心

● 4. 购房对象 ●

从上海市市场化购房对象（新建市场化商品住宅和存量住房购房对象）结构比例情况来看，2016 年上海市户籍居民占比为 83.61%，境内非上海市户籍居民占比为 15.86%，境外人士占比为 0.52%。从过去五年的情况来看，上海市户籍占比呈略有上升趋势，境内非上海市户籍居民占比呈下降趋势，境外人士也呈下降趋势。

表 3-32　2012—2016 年上海市市场化购房对象户籍情况　（单位：%）

	上海市户籍居民	境内非上海市户籍	境外人	合计
2012 年	82.01	17.13	0.86	100
2013 年	82.18	17.04	0.77	100
2014 年	83.39	15.87	0.74	100
2015 年	80.80	18.58	0.62	100
2016 年	83.61	15.86	0.52	100

数据来源：上海市房地产交易中心

2016 年上海市各月新建市场化商品住宅和存量商品住宅购房对

象结构占比来看，上海市户籍居民占比整体上呈现上升趋势，1月占比为 79.94%，12 月占比为 86.85%。境内非上海市户籍居民占比则呈下降趋势，1 月占比为 19.57%，12 月占比为 12.42%。境外人士占比则出现波动性，到第四季度也呈上升趋势。

表 3-33　2016 年上海市各月新建市场化商品住宅
以及存量住房购房对象结构占比　　（单位：%）

	上海市户籍居民	境内非上海市户籍居民	境外人士	合计
1 月	79.94	19.57	0.50	100
2 月	81.31	18.20	0.49	100
3 月	79.92	19.61	0.48	100
4 月	80.21	19.32	0.47	100
5 月	80.37	19.17	0.46	100
6 月	83.41	16.00	0.59	100
7 月	86.03	13.44	0.53	100
8 月	87.37	12.02	0.61	100
9 月	86.82	12.72	0.46	100
10 月	86.16	13.39	0.44	100
11 月	87.39	12.06	0.56	100
12 月	86.85	12.42	0.73	100

数据来源：上海市房地产交易中心

（三）办公用房市场

● 1. 新建办公用房 ●

从上海市新建办公用房的供求套数来看，2016 年上市套数为 31010 套；成交 43212 套，是过去五年中成交套数最多的一年。

从期内成交套数 / 期间上市套数来看，该指标在 2014 年是个低点，但 2015 年和 2016 年该指标连续增长，且 2016 年的增长幅度较快。从期末可售套数来看，2016 年比 2015 年低，为 46359 套。

数据来源：上海市房地产交易中心

图 3-29　2012—2016 年上海市新建办公用房供需套数

表 3-34　2012—2016 年上海市新建办公用房供需情况　　（单位：套）

	期间上市套数	期内成交套数	期内成交套数 / 期间上市套数	期末可售套数
2012 年	20216	1/181	0.85	38142
2013 年	26610	25637	0.96	39184
2014 年	25060	14871	0.59	49811
2015 年	33173	23574	0.71	59037
2016 年	31010	43212	1.39	46359

数据来源：上海市房地产交易中心

　　从 2016 年上海市新建办公用房成交套数的区域结构来看，占比名列前五的依次是嘉定区、松江区、浦东新区、宝山区和奉贤区。从过去五年的情况来看，嘉定区连续五年都是占比最高的区。浦东新区和奉贤区在过去有四年均名列前五。

　　从 2016 年上海市新建办公用房成交套数的环线结构来看，外环外占比最高，达 78.98%；其次是内外环间，占比为 14.6%，内环内占比最低，为 6.41%。从过去五年的情况来看，外环外占比呈增长趋势，内外环间和内环内则呈下降趋势。

表 3-35　2012—2016 年上海市新建办公用房成交套数区域结构（单位：%）

	2012 年	2013 年	2014 年	2015 年	2016 年
宝山区	9.90	6.51	4.51	7.49	9.69
崇明区	0.74	0.38	1.14	0.46	0.76
奉贤区	13.97	11.81	10.49	5.98	9.37
虹口区	2.69	1.08	1.08	0.87	0.92
黄浦区	1.06	0.84	1.64	0.40	0.23
嘉定区	19.92	20.75	24.51	24.14	22.52
金山区	1.87	1.45	2.39	1.87	3.86
静安区	9.90	3.24	0.88	3.60	1.42
闵行区	4.10	10.82	16.49	8.55	7.55
浦东新区	5.92	16.03	10.43	19.79	13.41
普陀区	7.14	11.94	6.34	3.85	3.79
青浦区	1.87	1.89	4.87	9.67	9.32
松江区	12.90	7.24	5.73	7.57	13.79
徐汇区	2.57	2.13	4.19	2.48	1.07
杨浦区	5.18	3.48	3.41	3.08	2.14
长宁区	0.28	0.38	1.92	0.19	0.16
合　计	100	100	100	100	100

数据来源：上海市房地产交易中心

表 3-36　2012—2016 年上海市新建办公用房成交套数环线结构　（单位：%）

	2012 年	2013 年	2014 年	2015 年	2016 年
内环以内	13.16	7.65	8.54	10.29	6.41
内外环间	23.92	26.70	19.80	19.43	14.60
外环以外	62.93	65.64	71.66	70.29	78.98
合　计	100	100	100	100	100

数据来源：上海市房地产交易中心

　　从 2016 年上海市各月新建办公用房成交套数来看，成交的波动性较大。其中 6 月是 2016 年成交套数最大的月份，8 月以后成交量下降，11 月、12 月开始略有上升。

数据来源：上海市房地产交易中心

图 3-30　2016 年上海市各月新建办公用房成交套数

从上海市新建办公用房期初可售套数来看，整体上呈现下降的趋势。

数据来源：上海市房地产交易中心

图 3-31　2016 年上海市各月新建办公用房期初可售套数

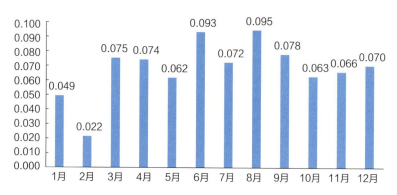

数据来源：上海市房地产交易中心

图 3-32　2016 年上海市各月新建办公用房期内成交套数/期初可售套数

从上海市新建办公用房期内成交套数 / 期初可售套数情况来看，2016 年各月的波动性也较大。其中，8 月是最高的月份，之后呈下降态势，11 月和 12 月略有上升。

● 2. 存量办公用房 ●

2016 年上海市存量办公用房成交面积为 94.53 万平方米，是过去五年中成交面积最大的一年，且比上年增长 80.85%。

表 3-37　2012—2016 年上海市存量办公用房成交面积与增幅

（单位：万平方米；%）

	2012 年	2013 年	2014 年	2015 年	2016 年
存量办公用房成交面积	57.34	65.59	52.61	52.27	94.53
存量办公用房成交面积增幅	−8.80	14.39	−19.79	−0.65	80.85

数据来源：上海市统计年鉴、房管系统统计资料汇编

从存量办公用房的成交套数来看，2016 年上海市成交套数是过去五年中最高的一年，且是 2015 年成交套数的 2.3 倍。2016 年期内成交套数/期初网上挂牌套数之比是过去五年中最高的。

表 3-38　2012—2016 年上海市存量办公用房供求对比情况　（单位：套）

	期初网上挂牌套数	期内成交套数	期内成交套数/期初网上挂牌套数
2012 年	1267	3871	3.06
2013 年	2098	4910	2.34
2014 年	2341	4050	1.73
2015 年	926	5203	5.62
2016 年	1362	11912	8.75

数据来源：上海市房地产交易中心

从 2016 年存量办公用房成交套数的区域分布来看，上海市成交占比名列前五的依次为浦东新区、嘉定区、宝山区、松江区和普陀区。从过去五年情况来看，浦东新区连续五年都是成交占比最高的区。嘉定区和松江区则有四年成交占比名列前五。

表 3-39　2012—2016 年上海市存量办公用房成交套数区域分布

（单位：%）

	2012 年	2013 年	2014 年	2015 年	2016 年
宝山区	3.54	6.95	7.93	7.50	8.54
崇明区	0.08	0.02	0.07	0.06	0.18
奉贤区	1.65	1.22	2.20	2.65	4.06
虹口区	5.40	5.46	6.62	7.34	4.64
黄浦区	14.44	5.52	6.42	6.42	4.01
嘉定区	4.93	8.35	9.09	9.86	18.44
金山区	0.08	0.37	0.17	0.62	0.49
静安区	9.97	10.47	10.91	8.69	6.98
闵行区	1.52	2.73	2.49	3.31	4.98
浦东新区	18.16	27.19	22.12	19.99	21.63
普陀区	8.16	6.25	6.32	8.19	7.47
青浦区	1.34	0.90	1.70	0.71	1.08
松江区	7.41	7.72	9.58	6.94	7.64
徐汇区	4.34	4.87	5.01	3.96	2.93
杨浦区	3.82	3.63	3.43	4.71	3.69
长宁区	15.14	8.37	5.93	9.07	3.25
合　计	100	100	100	100	100

数据来源：上海市房地产交易中心

　　从存量办公用房成交套数的环线结构来看，2016 年外环外占比为 45.33%，内外环间占比为 28.28%，内环内占比为 26.39%。从过去五年的情况来看，外环外占比呈上升趋势，内外环间和内环内则呈下降趋势。

表 3-40　2012—2016 年上海市存量办公用房成交套数环线结构　（单位：%）

	2012 年	2013 年	2014 年	2015 年	2016 年
内环以内	48.72	37.15	33.33	40.15	26.39
内外环间	30.20	34.01	33.04	29.04	28.28
外环以外	21.08	28.84	33.63	30.81	45.33
合　　计	100	100	100	100	100

数据来源：上海市房地产交易中心

从 2016 年上海市月度存量办公用房供求套数情况来看，期初网上挂牌套数呈上升趋势，到 12 月初达全年最高规模，为 2755 套。期内成交套数各月存在一定的波动性，但 8 月是全年成交套数最多的一个月，之后逐月降低，但 12 月又开始上升。

数据来源：上海市房地产交易中心

图 3-33　2016 年上海市月度存量办公用房供求套数情况

从期内成交套数/期初网上挂牌套数来看，3 月和 8 月是两个波峰，8 月以后逐月下降，但 12 月开始又略有上升。

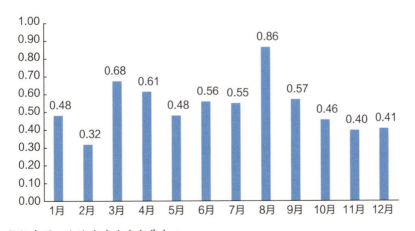

数据来源：上海市房地产交易中心

图 3-34　2016 年上海市月度存量办公用房期内成交套数/期初网上挂牌套数

（四）商业用房市场

● 1. 新建商业用房 ●

从上海市新建商业用房供需情况来看，2016 年期间上市套数为 18300 套，在过去五年中名列第二；成交套数为 22877 套，是过去五年中成交套数最多的一年。从期内成交套数/期间上市套数来看，2016 年是过去五年中最高的一年，2012—2015 年的四年中该比值都小于 1，但 2016 年该数值达到 1.25。

表 3-41　2012—2016 年上海市新建商业用房供求情况　（单位：套）

	期间上市套数	期内成交套数	期内成交套数 / 期间上市套数	期末可售套数
2012 年	12581	11190	0.89	无数据
2013 年	13994	13261	0.95	无数据
2014 年	17859	9936	0.56	无数据
2015 年	23085	14147	0.61	63617
2016 年	18300	22877	1.25	56068

数据来源：上海市房地产交易中心

从上海市新建商业用房成交套数的区域分布来看，2016 年占比名列前五的依次为浦东新区、嘉定区、松江区、青浦区和金山区。其中浦东新区和嘉定区在过去五年中都名列前五，金山区和松江区在过去五年中有四年名列前五。

从上海市新建商业用房成交套数的环线分布来看，2016 年外环外占比最高，为 83.73%，其次为内外环间，占比为 14.36%，内环内占比为 1.91%。从过去五年的情况来看，外环外占比从 2012—2015 年逐年递增，但在 2016 年出现下滑，跌落到 2014 年水平。内外环间占比在 2012—2014 年呈下降趋势，但在 2016 年有所增长，超过了 2014 年的水平。内环内占比呈现整体下降趋势，但 2016 年比 2015 年略有上升。

表 3-42　2012—2016 年上海市新建商业用房成交套数区域分布　（单位：%）

	2012 年	2013 年	2014 年	2015 年	2016 年
宝山区	11.32	8.52	6.48	4.58	5.46
崇明区	1.34	2.18	2.38	0.78	1.61
奉贤区	4.81	3.16	3.77	4.66	2.63
虹口区	1.42	0.38	0.42	0.52	0.60
黄浦区	0.46	0.18	0.12	0.08	0.06
嘉定区	20.94	25.54	16.87	14.14	15.29
金山区	8.97	9.58	9.33	6.12	13.07
静安区	1.98	1.68	0.92	1.08	0.60
闵行区	5.35	5.08	10.34	8.24	8.85
浦东新区	22.31	19.46	28.85	34.88	23.55
普陀区	1.69	1.61	1.10	0.56	0.60
青浦区	2.57	5.36	9.83	14.04	13.37
松江区	11.16	15.42	6.93	8.96	13.49
徐汇区	2.52	0.52	1.29	0.29	0.12
杨浦区	2.62	0.98	1.12	0.98	0.67
长宁区	0.53	0.34	0.27	0.10	0.05
合　计	100	100	100	100	100

数据来源：上海市房地产交易中心

表 3-43　2012—2016 年上海市新建商业用房成交套数环线分布　（单位：%）

	2012 年	2013 年	2014 年	2015 年	2016 年
内环以内	4.09	3.17	2.63	1.79	1.91
内外环间	15.77	13.95	14.07	11.63	14.36
外环以外	80.14	82.88	83.30	86.58	83.73
合　计	100	100	100	100	100

数据来源：上海市房地产交易中心

　　从 2016 年上海市各月度新建商业用房成交套数来看，全年各月的成交波动较大，8 月是全年成交套数最多的一个月，达 2992 套，之后逐月递减，但 12 月相比 11 月有较大增长。

数据来源：上海市房地产交易中心

图 3-35　2016 年上海市各月度新建商业用房成交套数

从期初可售套数来看，全年呈下降趋势。1 月初可售套数为 63617 套，12 月初为 55582 套。

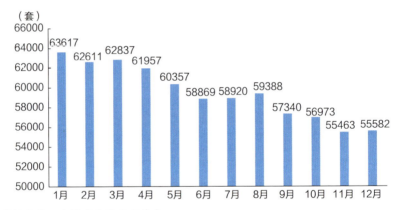

数据来源：上海市房地产交易中心

图 3-36　2016 年上海市各月度新建商业用房期初可售套数

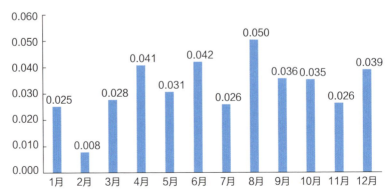

数据来源：上海市房地产交易中心

图 3-37　2016 年上海市各月度新建商业用房期内成交套数/期初可售套数

从期内成交套数/期初可售套数来看，全年波动较大，其中8月是全年最高的月份，之后逐月下滑，但12月开始比11月有所增长，并超过9月的水平。

● 2. 存量商业用房 ●

2016年上海市存量商业用房销售面积为54.31万平方米，是过去五年中销售面积最大的一年，比上年增长30.49%。

表3-44　2012—2016年上海市存量商业用房销售面积与增幅

（单位：万平方米；%）

	2012年	2013年	2014年	2015年	2016年
存量商业营业用房成交面积	46.71	47.18	40.9	41.62	54.31
存量商业营业用房成交面积增幅	−8.79	1.01	−13.3	1.76	30.49

数据来源：上海市统计年鉴、房管系统统计资料汇编

从上海市存量商业供求情况来看，2016年是过去五年中成交套数最多的一个月，达6743套。2016年期初网上挂牌套数为592套，当年成交套数/期初网上挂牌套数为11.39，是过去五年中最高的。

表3-45　2012—2016年上海市存量商业用房供求套数情况 （单位：套）

	期初网上挂牌套数	期内成交套数	期内成交套数/期初网上挂牌套数
2012年	543	3332	6.14
2013年	837	4297	5.13
2014年	977	3773	3.86
2015年	495	4459	9.01
2016年	592	6743	11.39

数据来源：上海市房地产交易中心

从上海市存量商业成交套数的区域分布来看，2016年占比名列前五的依次为嘉定区、浦东新区、金山区、奉贤区和松江区。从过去五年的情况来看，名列前五的结构相对稳定，2013年、2015年和2016年一致。

表 3-46　2012—2016 年上海市存量商业成交套数的区域分布　　（单位：%）

	2012 年	2013 年	2014 年	2015 年	2016 年
宝山区	10.98	6.00	8.64	8.01	8.66
崇明区	0.51	0.51	0.56	0.38	0.45
奉贤区	6.78	8.40	8.27	17.00	11.54
虹口区	3.27	2.12	2.07	1.79	0.79
黄浦区	3.18	3.12	2.76	4.15	2.96
嘉定区	17.17	19.32	17.60	22.54	18.18
金山区	10.71	10.77	12.56	9.69	16.38
静安区	6.99	6.19	8.22	4.15	4.16
闵行区	3.75	3.89	5.04	3.86	3.06
浦东新区	13.93	19.34	14.05	12.04	16.41
普陀区	4.80	3.61	2.15	2.47	1.42
青浦区	3.18	2.77	3.31	3.05	3.78
松江区	8.52	10.17	10.31	8.41	9.01
徐汇区	2.34	1.07	1.43	0.87	1.33
杨浦区	2.10	1.63	1.62	1.01	1.26
长宁区	1.77	1.09	1.43	0.58	0.59
合　计	100	100	100	100	100

数据来源：上海市房地产交易中心

　　从上海市存量商业成交套数的环线分布来看，2016 年外环外占比为 72.7%，内外环间占比为 16.05%，内环内占比为 11.25%。从过去五年的情况来看，外环外占比逐年增加，内外环间和内环内则呈下降的趋势。

表 3-47　2012—2016 年上海市存量商业成交套数的环线分布　　（单位：%）

	2012 年	2013 年	2014 年	2015 年	2016 年
内环以内	16.60	15.22	13.94	13.21	11.25
内外环间	27.37	24.71	22.32	14.51	16.05
外环以外	56.03	60.07	63.74	72.28	72.70
合　计	100	100	100	100	100

数据来源：上海市房地产交易中心

　　从 2016 年上海市各月存量商业用房供求套数情况来看，各月虽然波动较大，但 4—9 月呈现稳步攀升的趋势，10 月出现下滑，11

月又有较大增长，但 12 月又继续下降。从起初网上挂牌套数来看，全年各月呈现上升趋势。

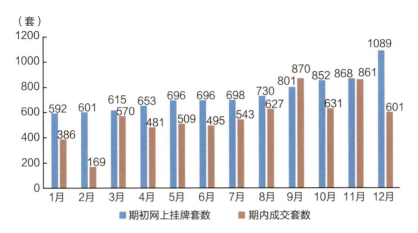

数据来源：上海市房地产交易中心

图 3-38 2016 年上海市各月存量商业用房供求套数情况

从期内成交套数／起初网上挂牌套数来看，全年各月波动较大，9 月是全年最高的一个月，2 月是全年最低的一个月。

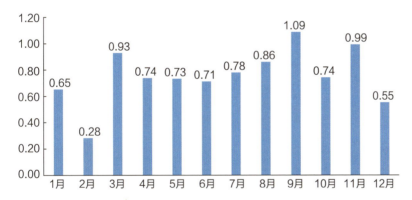

数据来源：上海市房地产交易中心

图 3-39 2016 年上海市各月存量商业用房期内成交套数/期初网上挂牌套数

三、租赁市场

（一）租赁指数

根据二手房指数办公室数据显示，2016 年上海市住房租赁指数为 1926，比上年增长 7.47%。其中，高端住房租赁指数涨幅为

6.9%，中端住房租赁指数涨幅为 7.35%，低端住房租赁指数涨幅为 7.77%。

数据来源：上海市二手房指数办公室

图 3-40　2014—2016 年上海市住房租赁指数增幅（%）

从 2012—2014 年，上海市住房租赁指数逐年递增，2015 年和 2016 年租赁指数涨幅在缩小。

数据来源：上海市二手房指数办公室

图 3-41　2012—2016 年上海市住房租赁指数及涨幅

（二）租赁市场综合治理

2016 年，上海市继续推进"群租"综合治理并取得积极的成效。一是保持"群租"集中整治的高压态势。经排摸，上海市新增"群租"约 2.38 万户，实际整治 2.31 万户，各区整治率均超过 90%。

二是积极推进"无群租小区"创建工作。截至 2016 年底，上海市近 1.2 万个住宅小区，累计约 3100 个小区挂牌"无群租小区"，各区挂牌率均超过 10%。三是鼓励扶持代理经租业务规模不断扩大，对于改善上海市租赁住房供应结构，挤压违规"二房东"市场空间，规范上海市住房租赁秩序发挥了积极作用。

● 区县特色 ●

奉贤区在全区范围召开区和街镇综治相关成员单位分管领导、联络员推进会，专题部署 2016 年度"群租"综合治理工作，同时印制宣传海报、宣传手册、环保袋等宣传资料，发放给各街镇、社区、开发区，进一步营造有利于"群租"整治的良好氛围。

闵行区依托"五违"整治加大舆论引导，依托大联动平台进一步排查"群租"存量，发现增量，仅 2016 年上半年就确认并完成投诉处理 6832 户，做到 100% 核实，100% 处置，完成了区委、区政府既定双百目标。

宝山区按照各街镇实际情况开展整治，以 12 天作为"群租"整治办结时间底线，成立快速应急分队，及时处理"群租"投诉，并建立了一套行之有效的"群租"整治长效管理机制，最大程度防止"群租"回潮，大幅降低"12345""群租"重复投诉率。

普陀区充分发挥网格化和大联动等平台作用，结合住宅小区综合治理三年行动计划，从集中整治向常态长效管理转变，积极推进网格化管理工作进小区。

杨浦区进一步明确街镇牵头，综治办、派出所、城管中队、房管办、物业公司、居委会、施工队、环卫所、社区卫生中心等多部门协同整治的机制。

从上海市总体目标来看，截至 2016 年底，各区"无群租小区"的累计挂牌数不低于本区域住宅小区数 10%。各区根据自身情况制定创建目标。

静安区计划挂牌率达到区域住宅小区总数的 80%，闵行区预计挂牌率达到 55%，崇明区计划挂牌率为 31%，奉贤区累计挂牌率达 25%，虹口区累计挂牌率达到 21%，均超过计划目标的 2 倍以上。

浦东新区各街镇将"无群租小区"创建与市区文明小区创建等各项创建活动相结合，在申报、检查和评比过程中加强联动，组织街镇"无群租小区"创建交流；同时出台创建细化标准，开展交叉检查评比，对"无群租小区"创建质量较好的小区，在住宅修缮等方面予优先解决。

普陀区在 2015 年创建"无群租小区"基础上，进一步扩大"无群租小区"创建规模，探索推广"无群租街道"、"无群租居委"、"无群租楼栋"等创建模式。

宝山区高境镇专门印发了《开展"无群租小区"创建活动实施意见》，要求已挂牌小区再次出现"群租"举报的，经查实必须 12 天内整改完毕。若小区全年"群租"量累计超过其总住户数的 5‰，未于 12 天内解决的，或超过其总住户数的 1‰，未于 25 天内解决的，则摘牌取消"无群租小区"称号，并取消当年"平安小区"创建资格。对验收合格的"无群租小区"，对所属居委和物业进行表彰奖励，每个挂牌的小区给予一次性现金奖励。A 级商品房小区 6000 元，B 级混合型小区 4000 元，C 级老式小区 3000 元；居委会占奖励总金额的 60%，小区物业 20%，小区志愿者 20%。虽然奖励金额不高，但有效调动了各方面积极性，创建"无群租小区"已成为高境镇从上到下的统一行动。

浦东新区制订了具体实施意见，细化操作流程，明确规范代理经租示范点，并组织召开政策宣讲会，做好对开展代理经租的公司前期摸底工作。

宝山区重点扶持上海市寓见资产管理有限公司、上海市青客时尚生活服务股份有限公司、上海市友社物业管理有限公司三家代理经租机构。宝山区高境镇还创建了一套"代理经租"公司的管理机制，与"代理经租"公司签订《高境镇代理经租社会闲置存量住房承诺书》，为辖区内经租企业的发展给予引导和帮助。经租公司与小区物业密切合作的新模式，努力挤压了"二房东"收购房源进行"群租"的空间，也为被整治后来不及重新找到房源入住的租客提供临时居住地，为快速整治托底。

静安区房管局联系区域内具备一定社会信誉的房地产经纪机构，主动对接自住率较低的动迁安置房小区，不断扩大代理经租覆盖面；并通过召开专题会议、约谈相关企业，根据相关政策，就代理经租实施主体、房源类型、租赁合同备案、客厅单独出租等问题向相关企业提出要求。

● **具体案例** ●

专栏3-1：普陀区宜川街道——多管齐下治"群租"，建立长效机制

宜川街道在实际"群租"整治工作中，发现榔头敲、铁杆撬这样粗放式的集中整治，在短期内确实能取得一定的效果，但即使百余人的整治队伍开足马力，一天也只能整治30多户。由于"群租"的隔间多为石膏板拼接结构，搭建极其简便，白天经过整治的"群租房"，往往当天深夜就开始"返潮"。"二房东"白天将住客临时迁往其他住地，夜间就将石膏板等分隔材料装于面包车内悄悄运进小区，通过地下车库直接运往需要修复的"群租房"。因此，街道结合区域实际积极探索，不断创新工作方法，完善常态长效治理机制。

技术上注重优化——门控＋梯控，以梯控为升级方向。对于"群租"整治工作中出现的"返潮"现象，宜川街道总结出比仅拆除违法隔断更有效的经验，即"梯控"和"门控"相结合，针对不同户型控制门禁卡发放数量。在中远两湾城小区，已有9幢大楼完成了梯控改造。街道还与试点大楼管委会协调，严格控制发放门禁卡数量，一般以二室户4张门禁卡、三室户6张门禁卡、四室户8张门禁卡为上限，特殊情况需要增加门禁卡数量的，则需要得到大楼管委会的书面许可书方可获得。通过控制租户持有门禁卡数量，杜绝无卡人员进入大楼，迫使很多群租客因进出不便而自动撤离。

机制上注重整合——整治＋自治，以自治为主攻方向。宜川街道在实际工作中发现，鼓励居民通过楼组自治积极参与"群租"治理效果显著，在试点小区成立楼组自

管会，形成《楼组公约》，共同参与楼组管理，对于"群租"发现、举报、防范，居民代表全程参与，每月固定时间检查和整治，加强"人防"。鼓励在自治领域取得成功经验的楼组与新建自治制度的楼组进行结对互助，传授经验。对于自治能力相对较弱的大楼，宜川街道采取由居委托底，协助居民组织开展自治，确保整治成果长效化。2016年6月20日，随着远景路97弄8号楼、中潭路100弄320号、330号楼大门挂上"本楼为无群租楼"的标牌，标志着宜川社区诞生了有史以来第一批"无群租楼"。截至2016年8月20日，中远两湾城小区已有6幢大楼挂牌"无群租楼"。

方法上注重创新——自行合租＋代理经租，以代理经租为疏导方向。宜川街道在解决"群租"回潮现象时，发现在保持"群租"治理的长期成果方面，代理经租的疏导作用更为有效。宜川街道在认可租客依法自行合租的同时，积极探索通过市场机制，逐步引入专业代理经租企业"自如友家"，一方面，加大收房力度，将整治后腾退的出租房源第一时间交由规范的经租企业管理，变"群租"为规范的合租；另一方面，在小区内加大宣传，印制房屋租赁管理小册子，让居民了解房屋出租的相关规定，以及正规机构与违规"二房东"的区别。截至2016年8月底，仅中远两湾城小区自如就收房71户，加上之前的青客、蘑菇公寓等，该小区已有100多套代理经租房源。

现在，在宜川街道的"群租"治理中，"梯控"、"自治"和"代理经租"已成为升级版的三大法宝。

专栏3-2：闵行区古美路街道——与社区单位共建，请"二房东"共治

龙茗路是古美地区较为成熟的商业街，有的沿街企业考虑到成本问题，承租附近小区的房屋作为集体宿舍供职工居住，给小区常驻居民带来较多不便。为此，周边居民区依托区域化党建联席会议平台，主动对接企业，通过开展结对共建，依靠社区单位的力量化解小区群租。比如，平阳二村内的群租房大都是附近美容美发店为员工提供的集体宿舍，居民区党支部书记多次上门做工作，邀请企业老总加入小区"家园共建委员会"，共同参与群租治理。通过多次面对面沟通协商，企业不仅自行解决了集体宿舍的问题，还主动提出每周为小区居民免费理发，得到小区群众的广泛认可，纷纷为有这样的"隔壁邻居"点赞。

一直以来，"二房东"都是群租治理较难逾越的阻力，由于利益因素，面对群租整治时，"二房东"或是百般拖延，或是避而不见，形成"猫鼠斗争"的局面。2016年，古美路街道尝试邀请"二房东"参与小区共治，使其在群租治理过程中由"无责"变为"有责"。比如，华一新城成立了"二房东"自治组织，定期召开"二房东会议"，由居民区党支部牵头，邀请居委会、"二房东"、党员志愿者共同协商解决居民反映的出租房噪音扰民、环境脏乱等问题。同时，建立"二房东"微信群，明确了由居委会将居民投诉通过微信告知"二房东"及时到场解决问题的工作流程。经过近半年的共商共治，小区居民对出租房的投诉少了，"二房东"对小区的感情深了，还经常与党员志愿者一起参与楼道自治。

四、房地产市场调控

（一）从严执行住房限购政策

2016年3月25日，上海市政府办公厅印发《关于进一步完善上海市住房市场体系和保障体系促进房地产市场平稳健康发展的若干意见》（沪府办发〔2016〕11号，即"沪九条"，下称《若干意见》）。根据该《若干意见》，提高非上海市户籍居民家庭购房缴纳个人所得税或社会保险的年限，将自购房之日起计算的前三年内在上海市累计缴纳两年以上，调整为自购房之日前连续缴纳满五年及以上。企业购买的商品住宅再次上市交易，需满三年及以上，若其交易对象为个人，按照上海市限购政策执行。

（二）实行差别化住房信贷政策

在2016年3月出台的《若干意见》中，对拥有1套住房的居民家庭，为改善居住条件再次申请商业性个人住房贷款购买普通自住房的，首付款比例不低于50%；对拥有1套住房的居民家庭，为改善居住条件再次申请商业性个人住房贷款购买非普通自住房的，首付款比例不低于70%。11月28日，上海市住房和城乡建设管理委员会会同中国人民银行上海市分行、上海市银监局联合印发《关于

表3-48　上海市个人住房信贷政策口径

类　别	口　径
最低首付比例	居民家庭贷款购买首套自住房且没有贷款记录的，最低首付款比例为35%
	对拥有1套住房、为改善居住条件再次贷款购买或上海市无住房但有商业性住房贷款记录或公积金住房贷款记录的，购买普通商品住宅的，最低首付比例50%
	对拥有1套住房、为改善居住条件再次贷款购房或上海市无住房但有商业性住房贷款记录或公积金住房贷款记录的，购买非普通商品住宅的，最低首付比例70%
贷款利率	首套自住房贷款利率不低于贷款基准利率的0.9倍
	二套房贷款利率不低于基准利率的1.1倍

促进上海市房地产市场平稳健康有序发展进一步完善差别化住房信贷政策的通知》（沪建房管联〔2016〕1062号），对在上海市无住房但有商业性住房贷款记录或公积金住房贷款记录的，也按"购买普通自住房的，首付款比例不低于50%；购买非普通自住房的，首付款比例不低于70%"执行。

（三）加强新建商品住宅预销售管理

2016年10月8日，上海市住房和城乡建设管理委员会会同上海市规划和国土资源管理局印发《关于进一步加强上海市房地产市场监管促进房地产市场平稳健康发展的意见》（沪建房管联〔2016〕839号，即"沪六条"）。上海市新建商品住宅销售方案备案实行市、区两级审核（包括预售许可和现房销售备案），实行"市、区会审，以区为主"审核制度。各区按照国家控房价的目标和要求，审核商品住宅销售房源的上市价格，并报上海市住房和城乡建设管理委员会审核备案。加强在售新建商品住宅项目销售价格监测监管，不得擅自提价。

（四）加大对房地产经纪机构的执法力度

持续开展房地产经纪专项整治。上海市住房和城乡建设管理委员会会同相关部门将加大执法力度，重点查处各种炒作房价、虚假房源、虚假广告、利用不正当手段诱骗消费者交易等违法违规行为。同时，上海市住房和城乡建设管理委员会配合上海市金融服务办公室开展互联网金融的专项整治活动，对上海市房地产开发企业、房地产经纪机构及其与P2P平台合作开展的金融业务进行清理和整顿。

（五）积极推进存量房交易资金监管工作

2015年在松江区开展存量房交易资金第三方监管试点，2016年上半年选取闵行区、黄浦区、杨浦区等区继续试点。至9月底，上海市 16 个区的房地产交易中心均已开设资金监管服务窗口。

（六）严格土地交易资金来源审核

根据国家有关规定，银行贷款、信托资金、资本市场融资、资管计划配资、保险资金等不得用于缴付土地竞买保证金、定金及后续土地出让价款。竞买人在申请参加土地招拍挂活动时，应承诺资金来源为合规的自有资金。违反规定的，取消竞买或竞得资格，已缴纳的竞买保证金不予退还，并三年内不得参加上海市国有建设用地使用权招标拍卖出让活动。

（七）严厉查处房地产市场违法违规行为

2016 年 4 月中旬，上海市住房和城乡建设管理委员会对链家等 6 家公司虚构房源、虚标房屋价格、以隐瞒手段诱骗消费者交易等违法违规行为依法进行查处。中国银行业监督管理委员会上海市监督局随即对 6 家机构作出暂停 1 个月房贷业务合作的处理。8 月底 9 月初，针对市场谣言，市住房和城乡建设管理委员会会同相关部门及时澄清，严肃查处，依法关闭了 5 个微信公众号，恶意编造散布谣言的 7 名涉案人员已移交司法机关进一步处理。第四季度，上海市住房和城乡建设管理委员会对涉嫌擅自提价销售的 8 家房地产开发企业，暂停涉案项目网签资格，由物价部门依法查处。对存在虚签合同、虚假宣传等违法违规行为的 7 家房地产中介企业作出行政处罚。

第四章　住房保障

　　近年来，上海市逐步构建并基本形成廉租住房、共有产权保障住房、公共租赁住房、征收安置住房"四位一体"、购租并举的住房保障体系，通过多种渠道帮助缺乏支付能力进入市场的市民家庭逐步解决住房困难。2016 年上海市继续健全住房保障体系，廉租住房制度"应保尽保"，公共租赁住房政策体系进一步完善，《上海市共有产权保障住房管理办法》颁布实施，征收安置住房政策稳步推进。总体上看，上海市住房保障制度执行情况基本达到预期效果，政府提供基本住房保障的职责加快落实，住房保障覆盖面进一步扩大，市民住房困难得到有效缓解，住房保障申请审核、准入分配供应全过程公开、公平、公正。上海市的住房保障工作从以保基本为主逐渐过渡到保基本和促进上海经济社会可持续发展并重的新阶段。

一、廉租住房

　　上海市廉租住房制度主要面向本市城镇户籍低收入住房困难家庭。2016 年，继续开展申请审核，优化配租机制，对符合条件的申请家庭"应保尽保"，做好托底保障。

（一）现行准入标准

　　住房面积须满足家庭人均住房居住面积不超过 7 平方米。根据

表 4-1　上海市廉租住房的基本特征

品种	保障方式	供应对象	政策优惠
廉租住房	无产权	城镇户籍住房困难的低收入家庭	政府提供较大幅度的租金补贴或实物房源

表 4-2　上海市廉租住房准入标准历年调整情况

年份	准入标准			
	户籍	住房（家庭人均住房居住面积）	收入（家庭人均月可支配收入）	财产（家庭人均财产）
2000 年	本市城镇户籍满 5 年户籍所在地满 2 年	5 平方米	280 元（城镇最低生活保障标准）	/
2001 年	本市城镇户籍满 5 年户籍所在地满 1 年	同上	290 元（城镇最低生活保障标准）	/
2002 年	同上	同上	同上	/
2003 年	同上	7 平方米	同上	/
2004 年	同上	同上	同上	/
2005 年	同上	同上	300 元（城镇最低生活保障标准）	/
2006 年	本市城镇户籍满 3 年户籍所在地满 2 年	同上	500 元	1 万元
2007 年	本市城镇户籍满 3 年户籍所在地满 1 年	同上	600 元	同上
2008 年	同上	同上	800 元	3 万元
2009 年	同上	同上	960 元	4 万元
2010 年	同上	同上	1100 元	4 万元
2011 年	同上	同上	1600 元（2 人以下户 1760 元）	5 万元（2 人以下户 5.5 万元）
2012 年	同上	同上	同上	同上
2013 年	同上	同上	2100 元（2 人以下户 2310 元）	8 万元（2 人以下户 8.8 万元）
2014 年	同上	同上	2500 元（2 人以下户 2750 元）	9 万元（2 人以下户 9.9 万元）
2015 年	同上	同上	同上	同上
2016 年	同上	同上	同上	同上

注：1. 2006 年以前与城镇最低生活保障标准挂钩，2006 年起与低保线脱钩。

　　2. 2012 年起，对 2 人及以下家庭人均可支配收入和人均财产限额实行在 3
　　　人及以上家庭标准基础上上浮 10% 的政策。

经济社会发展情况变化和政府承受能力，多次放宽廉租住房收入和财产准入标准，逐步扩大廉租住房受益面。其中，收入准入标准放宽至人均月可支配收入 2500 元以下；财产准入标准逐步放宽至人均资产 9 万元以下。廉租住房政策覆盖面的进一步扩大，使原本不符合廉租住房准入标准又买不起共有产权保障住房的"夹心层"家庭被纳入保障范围，廉租住房和共有产权保障住房政策得到更好衔接。

（二）租赁补贴标准

根据近年来中低端房屋市场租赁价格的变动情况，上海市从更好保障民生出发，对租金配租家庭的租赁补贴标准等进行了调整。一是提高了每平方米居住面积补贴标准。对黄浦区、徐汇区、长宁区、静安区、普陀区、虹口区、杨浦区、浦东新区等 8 个区，将按基本租金补贴实施补贴的家庭的每月每平方米居住面积租金补贴标准提高至 125 元，按 70% 补贴的家庭提高至 90 元，按 40% 补贴的家庭提高至 50 元；对闵行区、宝山区、嘉定区、松区江、青浦区等 5 个区，按基本租金补贴实施补贴的家庭的每月每平方米居住面积租金补贴标准提高至 90 元，按 70% 补贴的家庭提高至 70 元，按 40% 补贴的家庭提高至 40 元；对金山区、奉贤区、崇明区等 3 个区，按基本租金补贴实施补贴的家庭的每月每平方米居住面积租金补贴标准提高至 65 元，按 70% 补贴的家庭提高至 50 元，按 40% 补贴的家庭提高至 30 元。二是增加了托底保障面积。廉租家庭的托底保障面积从 12 平方米居住面积提高至 15 平方米居住面积。三是对 1 人、2 人户家庭补贴金额另行上浮了 20%。新的补贴标准经市政府办公厅转发从 2017 年 1 月 1 日起实施。

表 4-3　上海市廉租住房租金配租标准历年调整情况

年　份	保障面积	租金配租补贴标准	
	（家庭人均住房居住面积）	每平方米居住面积租金补贴金额	根据收入不同分档补贴
2000 年	7 平方米	40 元	/
2001 年	同上	同上	/
2002 年	同上	同上	/
2003 年	同上	中心城区：48 元 近 郊 区：36 元 远 郊 区：24 元	/
2004 年	同上	同上	/
2005 年	同上	同上	/
2006 年	同上	同上	/
2007 年	同上	中心城区：62 元 近 郊 区：50 元 远 郊 区：32 元	/
2008 年	同上	同上	/
2009 年	同上	同上	/
2010 年	同上	同上	/
2011 年	10 平方米	同上	100% 补贴：3 人以上户人均月收入 0—1200 元，2 人以下户人均月收入 0—1320 元 70% 补贴：3 人以上户人均月收入 1200—1600 元；2 人以下户人均月收入 1320—1867 元
2012 年	同上	同上	同上
2013 年	同上	中心城区：86 元 近郊区：68 元 远郊区：46 元	100% 补贴：3 人以上户人均月收入 0—1200 元；2 人以下户人均月收入 0—1320 元 70% 补贴：3 人以上户人均月收入 1200—1700 元；2 人以下户人均月收入 1320—1867 元 40% 补贴：3 人以上户人均月收入 1700—2100 元；2 人以下户人均月收入 1867—2310 元
2014 年	12 平方米 （增设家庭最高配租上限： 30 平方米）	同上	100% 补贴：3 人以上户人均月收入 0—1300 元；2 人以下户人均月收入 0—1430 元 70% 补贴：3 人以上户人均月收入 1300—2000 元；2 人以下户人均月收入 1430—2200 元 40% 补贴：3 人以上户人均月收入 2000—2500 元；2 人以下户人均月收入 2200—2750 元
2015 年	同上	同上	同上
2016 年	同上	同上	同上

（三）申请审核受益情况

继续聚焦解决城镇低收入家庭的住房困难问题，积极开展申请审核工作，对符合条件的申请家庭在租金配租上按照"应保尽保"的原则实施审核配租。同时根据房源筹措情况推进实物配租工作开展。2016 年共新增受益家庭 0.4 万户。截至 2016 年底，累计受益家庭达 11.5 万余户，其中廉租实物配租历年累计受益家庭已达 0.8 万多户。

（四）财政资金管理情况

2016 年上海市向廉租家庭发放的廉租租金补贴总额约为 5.58 亿元，市财政据实结算（补贴 40%）给各区财政。

表 4-4　2014—2016 年上海市廉租租金补贴资金市级财政补贴情况

（单位：万元）

年 份	2014 年 （补贴 2013 年 保障家庭）	2015 年 （补贴 2014 年 保障家庭）	2016 年 （补贴 2015 年 保障家庭）
合 计	18408.08	22280.36	22934.54
黄浦区	4008.98	4823.14	4612.80
徐汇区	1102.13	1246.41	1279.08
长宁区	1067.10	1166.36	1337.73
静安区	209.71	978.18	3305.11
普陀区	2088.69	2130.05	2426.52
闸北区	1584.28	2313.69	/
虹口区	1659.84	1972.74	2142.65
杨浦区	3196.70	3575.45	3351.10
浦东新区	1976.74	2201.51	2402.28
宝山区	561.59	660.03	769.35
闵行区	323.55	397.31	503.07
嘉定区	220.10	352.45	346.37
奉贤区	176.74	172.40	174.61
松江区	86.39	124.03	99.12
金山区	44.60	52.53	68.79
青浦区	61.34	66.74	65.69
崇明区（县）	39.59	47.34	50.27

注：2016 年静安、闸北两区合并，组成新静安区。

二、公共租赁住房

上海市公共租赁住房主要面向在上海有合法稳定就业并存在阶段性住房困难的青年职工和引进人才、来沪务工人员供应。2016 年上海市继续完善公共租赁住房政策体系，积极做好房源建设筹措和供应工作，并按照国家部署要求，实现廉租住房、公共租赁住房房源建设筹措和运营管理的并轨运行。

（一）现行准入标准

公共租赁住房准入条件不限上海市户籍，不设收入线，满足了不同层次住房困难家庭和单身人士的租赁需求。申请公共租赁住房的对象（包括单身和家庭），应符合以下条件：

一是具有上海市常住户口，或持有《上海市居住证》和连续缴纳社会保险金达到规定年限；

二是已与上海市就业单位签订一定年限的劳动或工作合同；

三是在上海市无自有住房或人均住房建筑面积低于 15 平方米，因结婚分室居住有困难的，人均面积可适当放宽；

四是申请时未享受上海市其他住房保障政策等，各区政府可根据自身情况制定具体的准入标准并适时进行调整。

表 4-5 上海市公共租赁住房的基本特征

品　种	保障方式	供应对象	政策优惠
公共租赁住房	无产权	住房困难的本市青年职工、引进人才和来沪务工人员等常住人口	少量的租金折扣和租赁关系的稳定性

（二）建设筹措情况

2016 年，上海市共基本建成公共租赁住房约 1.24 万套、建筑面积约 66.48 万平方米。

（三）分配供应情况

截至 2016 年底，上海市公共租赁住房（含单位租赁房）累计供应房源约 10.5 万套（其中市筹约 2 万套、区筹约 1.2 万套），已签约出租约 9.2 万套（其中市筹约 1.5 万套、区筹约 1 万套），入住约 8.6 万套、约 19.6 万户。在市筹公共租赁住房供应过程中，聚焦科创中心和自贸区建设人才类对象住房困难，主要面向央企等重点企事业单位整体出租，并定向放宽居住证、社保等部分准入条件，使新引进人才及时纳入保障范围，取得较好效果。

（四）制度完善情况

2016 年，上海市启动公共租赁住房市政府规章起草工作。按照国家对廉租住房、公共租赁住房并轨运行的要求，聚焦全面提升公共租赁住房管理法律层级与法律效力，会同上海市政府法制办启动了上海市政府规章《上海市公共租赁住房管理办法》制订工作。2016 年完成规章初稿起草和第一轮内部征询意见工作。

（五）财政资金管理情况

表 4-6　2015—2016 年上海市公共租赁住房专项资金市级财政补贴情况

（单位：亿元）

年份	市财政拨付资金总额	支付对象	支付金额
		黄浦区	1
		静安区	0.3
		徐汇区	0.5
		长宁区	1
		普陀区	1
2015 年	10	杨浦区	0.5
		浦东新区	1
		闵行区	2
		宝山区	1
		松江区	1.5
		崇明县	0.2

年　份	市财政拨付资金总额	支付对象	支付金额
		徐汇区	1.1
2016 年	7.6	普陀区	0.9
		杨浦区	1.6
		上海地产住房保障有限公司	4

注：公共租赁住房相关资金分配方案由上海市上海市住房和城乡建设管理委员会根据上一年度各区公共租赁房屋业务考核等情况结合各区公共租赁房屋资金缺口提出建议，上海市财政审核后，将资金直接下达各区财政及相关市级公共租赁房屋运营机构。

三、共有产权保障住房

上海市共有产权保障住房制度主要面向上海市城镇户籍中等及中等偏下收入住房困难家庭。2016 年，上海继续稳步推进申请供应工作，并进一步完善制度体系，积极推动建章立制。

（一）制度完善情况

《上海市共有产权保障住房管理办法》作为住房保障方面的第一个上海市政府规章，于 2016 年 2 月 29 日市政府第 109 次常务会议审议通过，自 2016 年 5 月 1 日起施行。《上海市共有产权保障住房管理办法》的制定出台，进一步稳定了共有产权保障住房发展的制度基础，有利于保证该制度的长效运行。

根据国家在上海开展共有产权住房的试点要求，上海市住房和城乡建设管理委员会会同上海市发展和改革委员会、上海市规划和国土资源管理局、上海市财政局、上海市税务局等政府部门，积极推进试点批次共有产权保障住房申请家庭取得不动产权证满五年后上市转让和购买政府产权等相关工作。为更好地开展共有产权保障住房的试点工作，上海市住房和城乡建设管理委员会会同市、区相关部门研究制订《上海市共有产权保障住房供后管理实施细则》，并报请市政府办公厅批准发布（沪府办〔2016〕78号）。《上海市共有产权保障住房供后管理实施细则》重点就购房人购房后5年内回购、5年后政府优先购买、定价机制、上市转让和购买政府收益分配份额的申请审核、办理程序、价格标准、税费承担等内容，以及违规违约行为的发现、认定和分类处理机制及政策措施等作出规定。

从上海市共有产权保障住房制度实施情况来看，受商品住宅价格上涨等因素影响，这项制度越来越受到中低收入住房困难家庭的欢迎和拥护。共有产权保障住房是连接住房保障和房地产市场的纽带品种，在高房价地区解决"夹心层"群体住房困难过程中作用十分重要。

（二）现行准入标准

● 1. 住房面积 ●

上海市自2009年试行共有产权保障住房政策以来，申请家庭在住房条件方面须满足人均住房建筑面积不高于15平方米，这一标准始终没变。

● 2. 收入财产 ●

根据市民收入、房地产市场、房源供应条件以及保障对象的意见和建议等因素，主要是市民家庭购买普通商品住宅支付能力的变化情况，上海市多次放宽共有产权保障住房相关准入标准和供应标准。收入和财产限额，3人及以上家庭放宽至人均可支配收入6000元、人均财产18万元，2人及以下家庭人均年可支配收入和人均财产标准按前述标准上浮20%。

● 3. 户籍 ●

户籍年限为本市城镇户籍3年，本处户籍2年。

●**4. 其他** ●

家庭成员在提出申请前 5 年内未发生过住房出售行为和赠与行为。单身申请年龄为男性年满 28 周岁、女性年满 25 周岁。针对有符合单身申请年龄条件人士的家庭等四类住房特别拥挤的复合家庭，允许在核算其家庭人均住房面积前，先扣除一定的共用面积，切实解决适龄青年的结婚住房和复合家庭的分户居住等问题。

随着各项准入标准的逐步放宽，上海市中等及中等偏下收入的住房困难家庭，正稳步纳入共有产权保障住房政策覆盖范围。

表 4-7　上海市共有产权保障住房的基本特征

品　　种	保障方式	供应对象	政策优惠
共有产权保障住房	共有产权	城镇户籍住房困难的中低收入家庭	政府产权部分的使用权无偿让渡给保障对象

表 4-8　上海市共有产权保障住房主要准入标准历年调整情况

年　份	准入标准			
	户　　籍	住房（家庭人均住房建筑面积）	收入（家庭人均月可支配收入）	财产（家庭人均财产）
2009 年试点批	本市城镇户籍满 7 年，户籍所在地满 5 年	15 平方米	2300 元	7 万元
2011 年第一批	同上	同上	2900 元（2 人以下户 3190 元）	9 万元（2 人以下户 9.9 万元）
2011 年第二批	同上	同上	3300 元（2 人以下户 3630 元）	12 万元（2 人以下户 13.2 万元）
2012、2013 年批	本市城镇户籍满 3 年，户籍所在地满 2 年	同上	5000 元（2 人以下户 6000 元）	15 万元（2 人以下户 18 万元）
2014 年批	同上	同上	6000 元（2 人以下户 7200 元）	18 万元（2 人以下户 21.6 万元）
2016 年批	同上	同上	同上	同上

（三）房源建设筹措情况

2016 年，上海市合计开工（含筹措）共有产权保障住房 1 万多套，约 73.25 万平方米。全年共基本建成共有产权保障住房 2.4 万多套，约 169.34 万平方米。

（四）分配供应情况

在 2014 年批次（第五批次）工作收尾方面，截至 2016 年底，上海市 2014 年批次（第五批次）累计签约 2.36 万户，占已选房户数 89.3%。历年批次累计签约 8.9 万余户。

在上海市 2016 年批次（第六批次）工作方面，于 2016 年第四季度开展面上第六批次共有产权保障住房申请供应工作。该批次准入标准维持不变。2016 年批次（第六批次）共有产权保障住房咨询、受理工作于 10 月中旬启动。全市通过三个轮次开展共有产权保障住房申请供应工作，其中青浦区、长宁区、崇明区、虹口区、杨浦区、松江区等 6 个区为第一轮次，于 10 月中旬启动申请供应工作；静安区、宝山区、闵行区、奉贤区等 4 个区为第二轮次，于 10 月下旬启动申请供应工作；黄浦区、徐汇区、普陀区、浦东新区、嘉定区和金山区等 6 个区为第三轮次，于 11 月上中旬启动申请供应工作。截至 2016 年底，全市 16 个区均已开展完成咨询、受理工作。累计接受咨询约 20.04 万人次，发放申请表约 4.62 万户，出具材料收件单约 3.92 万户。出具材料收件单户数较第五批增长约 28%。

（五）供后管理情况

开展满五年上市的相关准备工作。一是根据共有产权保障住房的特殊性，主动做好"五年上市"事务推进中需要与财政、税务、不动产登记等部门对接的工作，及时完成工作流程梳理、合同文本拟定、工作方案制定等工作。二是积极委托评估单位对两个市级试点项目开展定价评估，上海市住房和城乡建设管理委员会于 12 月底组织召开五部门会审会议，明确两个项目的市场定价。

开展违规违约整治工作。2016 年继续深化保障性住房供后管理工作机制。一是落实申请供应区责任（虽然规章规定共有产权保障住房供后管理责任主体为项目属地区相关部门，但相关工作机制理顺前，仍由申请供应区采取合同管理的方式），督促各区住房保障主管机构会同相关街镇做好违规违约的约谈和整改督促工作。二是借助物业服务企业、经租公司，以继续延续购买服务的方式，落实保障房使用管理日常违规行为发现机制，并全面推广。同时解决信息采集的全覆盖问题，不留空白。三是坚持"以疏为主，疏堵结合，分类整治"的原则，组织各区住房保障主管机构深入保障房社区，开展政策宣传。四是与社区党组织开展党建联建，要求将供后使用管理融入社区管理，破解违规违约使用保障房的难题，并搭建交流学习平台，推广闵行博雅苑保障房社区治理的经验。

自 2016 年 3 月起，上海市住房和城乡建设管理委员会组织开展共有产权保障住房使用专项整治工作。一是加大"三个力度"，全面推进专项整治工作。抓住房地产市场中介专项整治、共有产权保障住房规章出台的契机，加大违规中介和违规家庭的行政处罚的力度；落实申请供应区的工作责任，加大约谈力度；聚焦两个违规较多的社区，加大专项巡查的力度。二是在前期工作基础上，结合《上海市共有产权保障住房供后管理实施细则》的出台，做好社会宣传工作。三是指导分配供应区和项目所在区做好保障供后使用管理工作的交接工作，确保机制调整过程中，工作不断、不乱。四是在加强行业监管的同时，认真履行共有产权保障住房违规使用专项整治牵头责任，推进保障房违规中介和家庭的专项整治。五是落实项目属地化责任，加强对尚未整改家庭的督促整改工作。同时，理顺和建立供后管理工作长效机制。

四、征收安置住房

征收安置住房，是指由政府组织实施，提供优惠政策，明确建设标准，限定供应价格，用于上海市重大工程、旧城区改建等项目居民安置的保障性安居用房。作为"四位一体"住房保障体系中的重要组成部分，征收安置住房为上海市重大工程建设、旧区改造等顺利实施发挥了重要的作用，为改善市民居住条件作出了一定的贡献。

（一）供应分配方式

根据《上海市动迁安置房管理办法》（沪府发〔2011〕44号）、《关于进一步规范市属征收安置住房供应工作的通知》，上海的市属安置住房主要采用"搭桥"供应的方式，即动迁安置住房建设项目所需房源列入市属动迁安置住房年度供应计划的，由项目所在区的有关部门向上海市住房和城乡建设管理委员会的相关部门提出用房申请，经批准后，统筹供应房源。

市属动迁安置住房供应后，应当优先确保申请用房项目的动迁安置需求，并由各区有关部门组织动迁实施单位，以规定的供应价格，按照公示房源、受理申请、审核条件、开具供应单、签订预（销）售合同的程序使用。

市属动迁安置住房调剂到本区其他重大工程、旧城区改建等项目动迁安置使用的，应当报区政府批准；调剂到其他区使用的，应当报上海市住房和城乡建设管理委员会的相关部门批准。

（二）新开工情况

2016年，上海市征收安置住房实际新开工约7.4万套，开工面积约 653 万平方米。其中，市属征收安置住房约 1.4 套，开工面积约 110 万平方米；区属征收安置住房约 6 万套，开工面积约 543 万平方米。

（三）基本建成情况

2016 年，上海市征收安置住房实际基本建成约 8.7 万套，约 788 万平方米。其中，市属征收安置住房约 1.1 万套，面积约 81 万平方米；区属项目约 7.6 万套，面积约 707 万平方米。

（四）"搭桥"供应情况

2016 年，上海市征收安置住房累计"搭桥"供应约 9.1 万套，约 787 万平方米。其中，市属项目约 2.8 万套，"搭桥"面积约 211 万平方米；区属项目约 6.3 万套，"搭桥"面积约 576 万平方米。

五、限价商品住宅

为了进一步推进浦东开发开放，增强临港地区的人才吸引力，上海市从 2012 年起在临港地区推出限价商品住宅政策，即限定住房建设标准，以低于市场的限定价格销售给特定的供应对象，并对交易转让设立特定的限制条件。该项政策仅在临港地区实施。

（一）政策情况

根据《关于在临港地区建立特别机制和实行特殊政策的意见》（沪委发〔2012〕16 号），上海市政府于 2012 年出台《关于在临港主城区开展限价商品住宅建设供应工作的通知》（沪房管保〔2012〕20 号）。该文件重点明确临港地区限价商品住宅的建设规模、建设标准、房源特点以及建设机制，同时确定供应对象的基本条件。根据市级层面的相关规定，浦东新区政府于 2013 年出台了区一级的基本文件《临港地区限价商品住宅供应管理工作实施方案》(浦府〔2013〕202号),重点明确了供应对象、供应标准和供应流程。

临港地区限价商品住宅具有"双定双限"特征:即在特定区域建设、面向特定条件对象配售,并限定销售价格、限定交易转让。

根据规定,限价商品住宅仅面向在临港产业区、洋山保税港区、中国商飞总装基地、临港主城区或张江高科技园区工作的符合条件的职工供应。

限价商品住宅在土地、房型面积、项目招投标、建房协议价格、房源供应价格、价差管理机制均参照动迁安置住房相关规定执行,并且在购房后满10年才可上市转让。未满10年,因特殊情况需要转让限价商品住宅的,经政府指定机构审核同意后按原购买价格加同期银行存款利息回购。

(二)分配规模

临港地区限价商品住宅政策出台后,2014—2016年已累计供应分配三个批次。

2016年,临港地区限价商品住宅供应分配1535套,2014—2016年三个批次合计供应分配3994套。

表4-9 临港地区限价商品住宅供应分配规模情况 （单位：套）

分配单位	2014年 （第一批次）	2015年 （第二批次）	2016年 （第三批次）	合计
商 飞		179	189	368
张 江	270	177	157	604
洋 山	101	169	156	426
临港地区	671	892	1033	2596
合 计	1042	1417	1535	3994

数据来源：上海市临港地区开发建设管理委员会

第五章　房屋保留保护、改造与征收

针对老旧住房中房屋老化、设备陈旧、设施落后等问题，2016 年，上海市继续贯彻分类施策的思想，从以拆除为主要手段，逐步转向保留保护、改造和征收并举。在优秀历史建筑保护方面，继续深入贯彻落实中央城市工作会议精神，强化监管、提高公众参与，切实推进城市历史的延续、文化的积淀；在旧住房修缮改造方面，在切实解决旧住房安全隐患问题，确保房屋安全的前提下，提升改造标准、不断丰富实施内容，推进各类旧住房修缮改造工程；在房屋征收方面，进一步加强房屋征收的规范化、制度化建设，倡导公开透明，稳步推进旧区改造、重大工程和城中村改造房屋征收工作，在旧区改造中实施了抢救性保留保护。

一、优秀历史建筑保护

（一）推进情况

继续推进优秀历史建筑普查和保护指南（即"一幢一册"）的编制工作。根据《上海市历史文化风貌区和优秀历史建筑保护条例》关于定期对优秀历史建筑的使用和保护状况进行普查的规定，2016年继续组织开展优秀历史建筑"一幢一册"保护指南的编制工作，共完成 450 幢（徐汇区 199 幢、黄浦区 251 幢）优秀历史建筑"一幢一册"的编制工作。

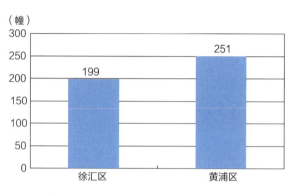

（幢）

图 5-1　2016 年徐汇区、黄浦区优秀历史建筑"一幢一册"编制数量

完善优秀历史建筑保护信息化建设。截至 2016 年底，上海市已有五批共 1058 处优秀历史建筑纳入了保护范围，在对全部优秀历史建筑集中开展基础信息调查采集工作的基础上，对优秀历史建筑信息系统、保护管理基础信息数据库和网络平台进行了补充和完善。以保护指南等档案资料为基础，进一步完善上海市历史建筑保护管理系统数据库建设。

开展《上海市历史文化风貌区和优秀历史建筑保护条例》修订工作。研究保护对象、保护资金投入使用机制、保护修缮资质管理、顶层设计与管理体系、违约违规违法行为的处置、物业管理长效保护机制、档案管理、公众参与等重点问题，并组织了相关的调研与意见征询。

（二）管理制度

细化日常保护管理网络，落实建筑保护告知承诺制度。为加强、细化优秀历史建筑的日常保护管理，对优秀历史建筑基础信息数据库进行不断补充和完善，并发放《优秀历史建筑保护要求告知书》以及《优秀历史建筑保护要求承诺书》给建筑产权人、使用人和有关的物业服务企业，明确告知其应当承担的保护责任与义务；在优秀历史建筑产权转让和出租时，交易双方需签署保护承诺书作为交易合同附件，并承诺在使用过程中按《上海市历史文化风貌区和优秀历史建筑保护条例》及保护要求告知书的要求履行相关的保护责任与义务。

2016 年，编制发行了 5 万册《上海市优秀历史建筑保护知识 100 问答》供市民学习了解。

落实优秀历史建筑巡查制度，完善监督执法体制。一是进一步落实优秀历史建筑"保护专管员"制度和月度巡查制度，在经常性巡查基础上，通过管理平台每月填报优秀历史建筑监管情况，实现全面掌握优秀历史建筑动态监管；二是对优秀历史建筑开展专项检查、强化优秀历史建筑日常巡查上报机制、完善优秀历史建筑监督执法体制；三是对各区房屋管理部门在实际管理中反映突出的对优秀历史建筑违法行为的发现和处罚问题进行明确，把优秀历史建筑纳入网格化管理和城管执法范围，并加强对优秀历史建筑违法行为的发现和处罚工作。

（三）实施内容

编制优秀历史建筑保护管理技术规定。按《上海市历史文化风貌区和优秀历史建筑保护条例》要求，根据建筑的历史沿革、建筑现状、使用状况、风格特色等基本情况，继续推进优秀历史建筑保护管理技术规定编制工作。在 2015 年上海市公布的 426 处第五批优秀历史建筑中，2016 年度继续完成 125 处优秀历史建筑保护技术规定编制工作，累计已完成 325 处，约占第五批总数的 76%。

推进优秀历史建筑保护利用修缮工作。2016 年，市级立项的优秀历史建筑保护修缮项目共 24 处，其中黄浦区 16 处、虹口区 5 处、长宁区 3 处。黄浦区启动了吉祥里、慈安里、国泰公寓等优秀历史建筑修缮工作，按照"确保结构安全、完善基本功能、传承历史风貌、提升居住环境"的总体原则，结合优秀历史建筑使用现状，努力建立机制、创新办法，来保护城市历史风貌，改善群众居住条件，同时将历史建筑保护工作和民生工程紧密结合，积极探索风貌保护与改善群众居住条件协同推进。

2016年，在优秀历史建筑行政审批事权下放试点的徐汇区和静安区中，静安区立项的优秀历史建筑保护修缮项目共计15处，徐汇区立项的优秀历史建筑保护修缮项目共计12处。其中，居住类直管公房优秀历史建筑修缮项目计8处，共47幢，涉及600户居民，修缮面积为35407平方米，总投资5862万元。

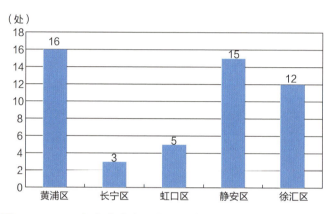

图5-2　2016年上海市各区优秀历史建筑修缮项目立项数量

提升公众参与度，加强保护管理宣传。2016年6月11日是我国第11个"文化遗产日"，围绕"保护城市遗产，留住城市基因——上海历史文化名城三十周年回顾与展望"主题，开展"城市行走"、"漫行邬达克建筑"、"老外看上海"等一系列活动。

二、旧住房综合改造①

2016年，上海市在切实解决旧住房安全隐患问题，确保房屋安全的前提下。通过旧住房修缮改造消除房屋的安全隐患，确保城市安全，提升房屋使用功能，改善广大居民群众的居住条件、居住环境和居住质量；让居民群众更充分享受到改革开放和社会发展的成果；促

————————
①　本部分数据来源于上海市房屋管理局。

进城市有机更新，改善城市面貌，延续城市文脉；为小区综合治理和物业管理水平的提升打好了基础，通过居民群众参与修缮改造工程，提高了居民业主参与小区管理、共建共治共享的主体意识。

（一）实施情况

2016 年作为"十三五"的开局之年，上海市共实施各类旧住房修缮改造 2000 余万平方米（含三类改造项目），受益居民约 26 万户，大幅超额完成"十三五"规划的年度目标任务。

根据住房和城乡建设部对保障性安居工程的任务目标和要求，2016 年，上海市继续将成套改造（包括拆除重建）、厨卫改造、屋面及相关设施改造等三类旧住房综合改造项目作为旧住房修缮改造的重点工作。全年实施三类旧住房综合改造 527 万平方米，受益居民 9.3 万户，超额完成原定年度目标计划 40% 以上。

除三类旧住房综合改造项目，上海市对规划保留、小区配套标准较低、居民"急、难、愁"问题突出的高多层旧住房进行综合性修缮整治，同时结合实际，实施消防设施、供水设施、电梯和电气设施、技防设施、为老设施以及小区环境等单项或多项修缮改造工程，即高、多层综合整治。2016 年，共完成高、多层综合整治 343.72 万平方米，其中浦东新区占 60% 以上。

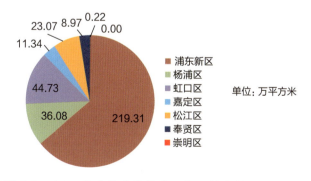

图 5-3　2016 年上海市各区高、多层综合整治完成情况

表5-1 2016年上海市及各区三类旧住房综合改造任务目标及实际完成情况

区域	三类旧住房综合改造签约目标（户）	成套改造		厨卫等综合改造		屋面及相关设施改造		优秀历史建筑修缮		最终计划下达量		完成率（%）
		面积（万平方米）	户数（户）	面积（万平方米）	户数（户）	面积（万平方米）	户数（户）	面积（万平方米）	户数（户）	面积（万平方米）	户数（户）	
浦东区	4500			4.95	1842	30.6	4000			35.55	5842	130
虹口区	3500			4.31	1206	14.54	2425			18.85	3631	104
普陀区	6500	1.42	414			40.65	7630			42.07	8044	124
静安区	10300			16.95	3560	75.19	15142	7.49	1383	99.63	20085	195
长宁区	2000					9.15	2006	0	0	9.15	2006	100
黄浦区	4000			11.96	4056	0	0	0	0	11.96	4056	101
徐汇区	5000			8.63	2154	25.87	3133	0	0	34.5	5287	106
宝山区	2000					10.89	2025			10.89	2025	101
闵行区	3500	5.78	1200			17.46	2775			23.24	3975	114
嘉定区	9000					65.93	9088			65.93	9088	101
杨浦区	3000			0.94	262	20.07	3363			21.01	3625	121
松江区	3200					26.08	3222			26.08	3222	101
金山区	5500	2.78	733			98.95	17171			101.73	17904	326
奉贤区	1800			2.1	469	11.59	1552			13.69	2021	112
青浦区	1500					8.06	1558			8.06	1558	104
崇明区	700			0.97	286	3.67	752			4.64	1038	148
总 计	66000	7.2	1614	53.59	14568	458.7	75842	7.49	1383	526.98	93407	142

2016年，上海市还在全市范围内积极推动拆除重建改造试点，以及通信管线入地等深化修缮改造内涵的试点工作。

在拆除重建方面，经管理部门认定，对建筑结构差、年久失修、无修缮价值的旧住房采取拆除重建并就地安置原住户。根据《上海市旧住房拆除重建项目实施办法（试行）》等一系列配套文件，按部就班地实施试点工程项目推进。上海市确定了若干个拆除重建试点项目，在确保试点项目有序开展实施的同时，相关区也积极扩大试点。

专栏5-1：杨浦区中原一村拆除重建改造项目

中原一村小区建成于1996年，层数为3层、共44幢，共计居民1608户，由于当时建房规格低，小区绿化布局、下水道排管也不很合理，居民家中漏水、墙体裂缝情况频发，造成了中原一村小区"先天不足"，居住在这里的居民长年集访、个访、信访连连不断。为此，街道曾多方协调，做了大量工作，但收效甚微。2006年4月起，决定引入对该小区进行拆除重建，居民原地安置的更新改造。改建后整个基地房屋22幢，其中21幢6层住宅，1幢2层公建。总建筑面积108869平方米，房屋1862套（包括一期已建成的84套），户均约56平方米，房型为一室户、一室半和二室户，少量三室户，比改造前房屋增加14—19平方米。改造后房屋以使用权对居民进行安置，居民办理入户后，可按照成套改造后公有住房出售政策办理手续，取得产权证。该基地改造采用统一规划、统一签约、统一实施，居民签约率达到100%后，正式实施。2008年12月，中原一村首期旧改区域（83号、86号）正式进入拆除、平地、重建阶段。新建房屋于2009年12月竣工（水、电、煤全通）。2014年8月，旧改II期启动中原一村西南块92号~100号（共计三幢），居民153户。

在通信管线入地方面，上海市住房和城乡建设管理委员会会同上海市通信管理局、上海市经济和信息化委员会在徐汇区、静安区、长宁区、虹口区、嘉定区等区开展了结合旧住房修缮改造实施小区通信管线入地和环境提升的试点工程，全市确定了试点项目43个，共计160余万平方米。

专栏5-2：徐汇区梅陇六村旧住房综合改造项目

梅陇六村建于 1989 年，是背靠梅陇港，由 31 幢、7 万平方米多层住宅组成的老小区，居民 1373 户。改造内容包括屋面及相关设施改造、水环境治理截污纳管、通信管线入地，目前已完成屋面改造项目、截污纳管、通信管线入地排管，现在正在实施通信线穿管项目，预计于 2017 年底全面竣工。通过结合屋面改造项目实现"通信架空线"同步入地，建筑立面整治成效明显、小区道路优化、小区绿化景观提升等效果，进一步改善居民的居住环境和居住质量。

根据区域实际情况和特色，上海市各区积极探索修缮改造形式、创新管理工作机制，将包括积水点排除、电力阳光工程、二次供水改造、小区架空线落地、消防设施改造、道路整修、违章拆除整治、大树修剪、绿化补种和优化、下水管道翻排、晾衣架更换、居民小区防盗门安装、完善小区活动室、小区自行车棚、小区停车位等工作有机结合起来，统筹协调，有条件的结合一并实施。

与此同时，上海市积极推动鼓励各区、各街镇根据区域实际情况和特色因地制宜丰富旧住房修缮改造内容，形成旧住房修缮改造与小区综合治理的联动平台。各区、各街镇，探索修缮改造形式、创新工作机制和方式，丰富和拓展旧住房修缮改造的内涵，使小区综合治理形成了有亮点的旧住房修缮改造特色项目，如静安区"美丽家园"工程、普陀区"同心家园"工程、徐汇区"幸福家园"工程、黄浦区"马桶工程"以及市一级牵头各区配合开展的通信管线入地和环境提升试点等，形成了百花齐放的良好氛围，通过旧住房修缮改造提升老旧小区品质，与小区综合治理形成互动。

专栏5-3：虹口区林云小区"美丽家园"综合改造项目

虹口区曲阳街道辉河路 40 弄林云小区为售后房小区，建筑面积 5.2 万平方米，共有 1032 户人家，2016 年实施了"美丽家园"综合改造工程，进一步提升了小区功能，为小区长效管理夯实了基础。其改造内容：一是解决居民难题：通过安装公共晾衣架、新装非机动车地桩锁、道路侧石修补等项目的实施，解决居民的晾衣难，自行车、助动车停放不规范，以及小区居民出行上的一些困难，让老百姓得到实惠。二是完善小区功能：通过铺设沥青路面、部分道路适当放宽（在征得小区业主同意的情况下）、停车画线、中心绿地和中心广场改造，小区大门整新等项目的实施，解决私家车无处停靠、应急车辆进出不便、居民生活休闲需求得不到满足、小区硬件设施陈旧等一系列问题，以提升居民的生活品质，让老百姓能够安居。三是美化小区环境：通过小区围墙粉刷、房屋外墙粉刷、楼道粉刷、通信架空线入地、绿化调整补种、防盗门整修、警示标志（新设）油漆等项目的实施，在改善民生的基础上，为居民提供更加怡人的生活环境。

2016 年，上海市继续推进老旧住房加装电梯试点，共涉及老旧住房居民 114 户，建筑面积 14025.25 平方米，共计加装电梯 10 台。试点项目主要集中在长宁区（涉及居民 82 户，住房建筑面积 10427.87 平方米，加装电梯 7 台）、普陀区（涉及居民 28 户，住房建筑面积 2977 平方米，加装电梯 2 台）、宝山区（涉及居民 4 户，住房建筑面积 620.39 平方米，加装电梯 1 台）。

据不完全统计，自 2012 年试点以来，上海市多层住宅加装电梯已经竣工完成 14 幢，正在施工 5 台，完成项目立项即将开工的 43 台，如普陀区怒江苑项目、宜川二村项目、长宁区五洲大厦项目、虹口区曲阳路 428 弄项目等，取得了良好的成效和社会反响。

（二）政策措施

一是落实市级财力资金补贴。2016 年，上海市对住宅修缮工程市级财力补贴资金项目补贴标准进行了调整。其中，高、多层综合整治的控制单价为 60 元 / 平方米，可享受 30%，最高不超过 18 元 / 平方米的市级财力补贴；成套改造的控制单价为 1200 元 / 平方米，可享受 40%，最高不超过 480 元 / 平方米的市级财力补贴；厨卫等综合改造的控制单价为 500 元 / 平方米，可享受 40%，最高不超过 200 元 / 平方米的市级财力补贴；屋面及相关设施改造的控制单价为

250 元 / 平方米，可享受 40%，最高不超过 100 元 / 平方米的市级财力补贴。对列入排查复查清单的危房、严重损坏安全隐患处置的房屋，其补贴的控制单价为 1200 元 / 平方米。

二是实施标准化管理。 2016 年，上海市在旧住房修缮改造工程中继续严格落实住宅修缮工程"程序管理标准化、技术规范标准化、承发包管理标准化、施工现场管理标准化、群众工作标准化"的管理要求，不断完善旧住房修缮改造管理体制机制，在实施单位管理、招投标管理、工程安全文明、工程审价审计等方面出台了一系列制度和措施。持续保持安全质量监管高压态势，搭建各方联动的工程监管平台，不断加强"施工企业自查、监理单位复查、区县住宅修缮管理部门巡查、市住宅修缮管理部门抽查、各区县相关部门对口查"的五查制度。2016 年，出动安全质量检查 85 批次，出具整改工作联系单 21 张，分别给予项目停工、限期整改、责令改正等处罚。2016 年，上海市开展了示范工地创建、开发"上海市住宅修缮工程安全质量实时巡查系统"等多项创新工作。全年旧住房修缮改造工程未发生重大安全质量事故。

三是突出群众参与。 在上海市旧住房修缮改造工作中，将群众工作贯穿于始终，形成"三位一体"的共建平台。通过"三会制度"（工程实施前征询会、工程实施中协调会、工程实施后评议会）、"十公开制度"（居民意见征询结果公开，修缮科目和内容公开，施工队伍公开，监理和设计单位公开，主要材料公开，施工周期公开，文明施工相关措施公开，现场接待和投诉电话及地址公开，竣工验收移交结果公开，工程决算结果公开）、市民监督员制度等各项群众工作机制，工程项目全过程接受居民群众监督和社会监督，建立起"专业监督、群众监督、社会监督"三位一体的旧住房修缮改造监督机制。同时按照"条块结合、社会参与、联动共建"的工作原则，切实推动党的工作向住宅修缮领域覆盖和拓展，党建促联建，联建推实事，以促进改造工程的推进实施，推动实事工程取得更大成效。

四是简化加装电梯审批流程。2016 年，上海市继续按照《本市既有多层住宅增设电梯的指导意见》及相关配套文件推进既有多层住宅加装电梯工作。针对既有多层住宅加装电梯工作推进中碰到的瓶颈问题和项目实施实际，本着强化服务，方便居民的宗旨，以维护各方当事人合法利益和社会稳定，保证房屋和设备使用安全为宗旨，遵循法定程序的要求，进一步完善相关政策，简化审批程序，优化实施流程，出台了《关于本市既有多层住宅增设电梯建设管理相关建设审批的通知》，对增设电梯过程中的计划立项、规划审批、房屋安全性论证、施工许可、质量技术监督（特种设备监管）和竣工验收环节行政审批的申报材料、审批时限进行了规范和明确。将原来 46 个审批事项，缩减为 15 个，同时大幅缩短和简化审批时限及需报送的资料，有力地推进了此项惠民工作，一些新的加装电梯项目得以顺利实施。同时，新组建的市房屋修建协会已受托对居民、业主提出的相关技术、政策等开展指导、服务、协调工作。

三、旧改征收

（一）实施情况

在房屋征收方面，2016 年，上海市国有土地上房屋征收管理平稳有序。全年共作出房屋征收决定 86 个；完成房屋征收补偿（含拆迁）居民 29095 证、113.7 万平方米，单位 1424 家、61.8 万平方米。截至 2016 年底，全市有在征地块 205 个。全年共作出房屋补偿决定（含裁决）1405 个，强制执行 240 户。完成存量拆迁基地 52 个。截至 2016 年底，剩余 202 个。

表 5-2　2016 年上海市及各区房屋征收实施及完成情况

块数	当年核发房屋征收令				当年累计已征收数			
	计划征收居住房屋		计划征收非居住房屋数		实际征收居住房屋		实际征收非居住房屋	
	户数（户）	建筑面积（平方米）	个数（个）	建筑面积（平方米）	户数（户）	建筑面积（平方米）	户数（户）	建筑面积（平方米）
全市合计 86	23610	729681	1135	142858	27063	859976	1363	504699
杨浦区 11	4720	129182	373	76073	4434	139015	362	88418
虹口区 12	5431	166487	246	11781	6206	195681	298	17393
黄浦区 9	4596	145200	212	8176	6437	196337	238	8961
静安区 7	7167	224657	289	41691	7484	235249	428	122341
长宁区 4	483	21493	0	0	495	21968	3	126
普陀区 19	1020	32213	2	70	1310	42047	6	205
徐汇区 7	132	7506	8	4600	147	8095	7	4204
浦东新区 10	46	2405	1	229	547	21497	6	965
中心城区小计 79	23595	729142	1131	142620	27060	859889	1348	242612
宝山区 0	0	0	0	0	0	0	0	0
闵行区 0	0	0	0	0	0	0	1	500
嘉定区 2	15	538	4	238	3	88	0	0
青浦区 5							14	261587
金山区 0	0	0	0	0	0	0	0	0
松江区								
奉贤区								
崇明区 0	0	0	0	0	0	0	0	0
郊区城镇小计 7	15	538	4	238	3	88	15	262087
全市合计 86	23610	729681	1135	142858	27063	859976	1363	504699

在旧区改造方面，2016 年，上海市政府下达的旧区改造计划是：中心城区改造二级旧里以下房屋 55 万平方米，受益居民 2.6 万户；郊区城镇旧区改造 4.4 万平方米，受益居民 900 户。

全年中心城区实际完成旧改 59 万平方米，受益居民 3 万户（其中成片二级旧里以下房屋 54 万平方米，受益居民 2.8 万户），分别为全年计划 107%、117%；郊区城镇（主要松江、浦东两区）完成旧改 8.9 万平方米（受益居民 1425 户），为年度计划 204% 和 158%。

在城中村改造方面，根据上海市政府下达的城中村改造目标任务，2016 年，城中村项目安置房地块已完成动迁或基本完成动迁 22 个，城中村动迁安置房开工 2502 套。

表 5-3　上海市及各区旧区改造实施及完成情况

	全年计划			完成情况		
	二级旧里面积（平方米）	户籍户数（户）	收尾地块（块）	二级旧里面积（平方米）	户籍户数（户）	收尾地块（块）
虹口区	163000	6500	5	163188	7454	5
杨浦区	135000	6500	6	135048	6508	4
黄浦区	66000	5500	5	66546	5518	3
静安区	114000	6500	6	115456	6730	3
普陀区	88000	3200	3	52592	2394	5
长宁区	2000	100	3	3688	577	3
徐汇区	24000	300	4	24546	315	5
浦东新区	28000	400	1	28243	804	2
中心城区小计	620000	29000	33	589307	30300	30
浦　东（郊区城镇）	24000	300		63250	873	
松　江	20000	600		28645	600	
郊区城镇小计	44000	900		91895	1473	
全市合计	664000	29900	33	681202	31773	

（二）政策措施

在房屋征收方面，一是继续推进房屋征收队伍建设。2016 年，上海市继续推进房屋征收从业人员培训工作，完善培训题库建设和师资培训，全年完成 5000 余名征收工作人员复训换证及 900 余名征收工作人员初次培训，通过全面推行在线机考管理模式，不断提高征收工作人员队伍培训质量。

二是进一步完善房屋征收信息系统。2016 年，上海市加快房屋征收基础数据库建设，完成征收系统和旧改系统数据对接，通过电子协议平台实时数据进行征收、旧改相关统计分析。对全市征收上岗人员进行梳理，并在此基础上完成工作人员与征收基地的关联，逐步解决人员挂靠问题。此外，在信息系统中实现了与税务部门数据实时交换。

三是积极开展房屋征收专项检查。为进一步加强和规范上海国有土地上房屋征收补偿工作，2016 年，上海市组织了房屋征收（拆迁）和在外过渡动迁居民安置工作专项检查，并邀请上海市人大代表、市政协委员、律师代表参加，通过"听取汇报、交流座谈、查阅台账、走访基地"等方式，发现房屋征收中的问题，各区根据反馈问题制定和落实整改措施，加强制度建设，规范运作机制，促进房屋征收补偿安置工作不断完善。

在旧区改造方面，一是积极筹措旧区改造资金。2016 年初，上海市全面深化改革领导小组办公室多次召集市财政、发改部门以及区政府、国家开发银行等开会研究，经上海市政府同意，通过财政资金列支、安排政府发债等途径，妥善落实 2016 年旧区改造所需资金，部分项目继续使用国开行贷款资金，解决了推进旧区改造急需的资金问题。

二是继续推进政府购买旧区改造服务。为贯彻落实国务院《关于进一步做好城镇棚户区和城乡危房改造及配套基础设施建设有关工作的意见》（国发〔2015〕37 号）、财政部《关于做好城市棚户区改造相关工作的通知》（财综〔2015〕57 号）有关要求，上海市积极推进政府购买旧区改造服务。2016 年 6 月 24 日，市政府办公厅下发《关于在本市开展政府购买旧区改造服务试点的意见》。同时，在虹口、杨浦等区旧改项目先行启动试点。

三是大力推进货币化安置工作。为认真落实国务院、住房和城乡建设部有关要求，根据《关于加快推进本市旧区改造货币化安置的指导意见》(沪旧改〔2015〕4 号)，上海市要求各区继续加大工作力度，进一步提高货币化安置比例。市、区旧改部门努力克服房价上涨、动迁居民货币化安置意愿下降等实际困难，采取有效措施，大力推进货币化安置。2016 年以来，全市旧改地块货币化安置比例为 20.7%。

四是加大旧改在拆基地收尾力度。上海市将在拆基地收尾作为旧改工作的重中之重，市、区各有关部门积极协同配合，形成合力，根据收尾工作需要，配足力量，全力筹措现房，积极发挥第三方公信平台积极作用，在拆基地收尾工作取得明显成效。2016 年，全市共完成旧改在拆基地收尾 20 块。

在城中村改造方面，一是加大市一级对各区的支持和指导力度。2016 年，上海市研究制定《关于进一步推进本市"城中村"地块改造的若干意见》(沪府办〔2016〕43 号)，并由市政府办公厅印发。文件强调了"城中村"改造的公益性，明确了房屋征收范围的确定程序；同时，要求加强"城中村"地块改造组织工作、优化完善实施方案、加强资金监管、保障被征收人员合法权益、加强工程质量和安全管理。

二是加强改造资金监管。2016 年，上海市根据国务院以及住房和城乡建设部、财政部等有关要求，城中村地块所在区政府建立了城中村地块改造资金使用的全过程监管机制，聘请社会第三方中介机构对城中村地块改造资金进行全过程监管，保障资金安全使用。由城中村地块改造实施主体和社会第三方中介机构签署资金监管服务委托协议，区城中村改造工作牵头部门作为资金监管服务委托协议见证方。

第六章　房屋管理

2016 年，上海市房屋总量达到 12.7 亿平方米，共有 12411 个住宅小区，其中，聘请物业服务企业的住宅小区有 11988 个，占全市住宅小区总量的 96.57%。从商品住宅维修资金归集情况来看，2016年共归集维修资金 558 亿元，与 2015 年相比归集总量增加 10.5%。同时，不断深化住宅小区综合治理工作，完善体制机制建设，行业监管得到进一步强化，业主居民自治全面推进，惠及民生的实事项目有序推进。

一、房屋概况

（一）总体规模

2016 年，上海市房屋总量为 12.7 亿平方米。其中居住房屋 6.5亿平方米，非居住房屋 6.2 亿平方米，居住和非居住房屋之比接近 1:1。

从房屋增长情况来看，绝大多数的增量房屋是在 2000 年以后建造的。2000 年各类房屋总量仅为 3.4 亿平方米。

数据来源：上海市统计年鉴、上海市房屋管理系统统计资料汇编

图 6-1　上海市主要年份房屋总量与结构

（二）各区情况

从各区的情况来看，浦东新区房屋总量规模最大，达 2.9 亿平方米；崇明区房屋总量规模最小，为 2441 万平方米。

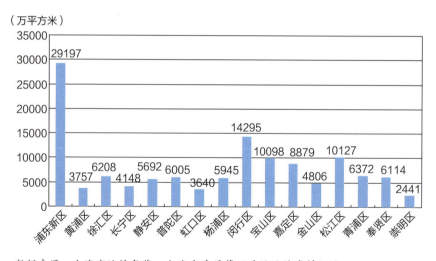

数据来源：上海市统计年鉴、上海市房屋管理系统统计资料汇编

图 6-2　2016 年上海市各区房屋总量

从各区居住与非居住房屋的比例来看，普陀区和虹口区是居住房屋占比最高的两个区，奉贤区则是居住房屋占比最低、非居住房屋占比最高的区。

表 6-1　2016 年上海市各区房屋规模　　　　　（单位：万平方米）

	居住房屋	非居住房屋	居住房屋 / 非居住房屋
总　计	65493	62231	1.05
浦东新区	15184	14013	1.08
黄浦区	1721	2035	0.85
徐汇区	3454	2755	1.25
长宁区	2424	1724	1.41
静安区	3047	2644	1.15
普陀区	3674	2331	1.58
虹口区	2229	1410	1.58
杨浦区	3412	2532	1.35
闵行区	7881	6414	1.23
宝山区	5871	4227	1.39
嘉定区	4043	4836	0.84
金山区	1725	3081	0.56
松江区	4389	5738	0.76
青浦区	2592	3780	0.69
奉贤区	2438	3677	0.66
崇明区	1407	1033	1.36

数据来源：上海市统计年鉴、上海市房屋管理系统统计资料汇编

　　从各区 2000 年以后房屋增量占比情况来看，中心城区该比例相对较低，郊区及浦东新区该比例较高，特别是松江区，有 93% 的房屋是在 2000 年以后建造的。

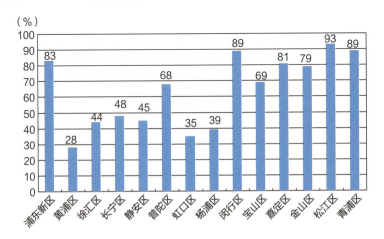

数据来源：上海市统计年鉴、上海市房屋管理系统统计资料汇编

图 6-3　2000—2016 年上海市房屋增量占 2016 年房屋总量比

（三）房屋类型

从居住房屋的类型来看，绝大多数居住房屋为公寓，占比达 95.14%。

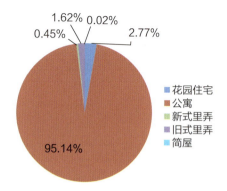

数据来源：上海市房屋管理系统统计资料汇编

图6-4　上海市居住房屋的类型

从非居住房屋的类型来看，工厂占比最高，达 42.57%，其次为办公楼和商场店铺，两者合计占比为 25%。

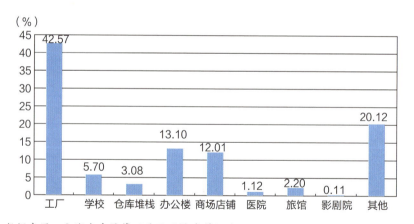

数据来源：上海市房屋管理系统统计资料汇编

图6-5　上海市非居住房屋的类型

（四）销售情况

从 2000 年之后房屋竣工销售的情况来看，居住房屋由于预售制度，销售面积大于竣工面积；相比之下，非居住房屋销售面积占竣工面积的 54%，且近一半的房屋由开发建设单位持有。

表 6-2　　2000—2016 年上海市房屋竣工与销售情况　（单位：万平方米）

	竣工面积	销售面积	销售面积/竣工面积
商品住宅	41937.15	42068.13	100.31%
居住房屋	31929.75	36643.59	114.76%
非居住房屋	10007.4	5424.54	54.21%

数据来源：上海市统计年鉴、上海市房屋管理系统统计资料汇编

二、物业管理①

（一）规模与结构

截至 2016 年底，上海市共有 12411 个住宅小区。其中，浦东新区住宅小区最多，为 2689 个。

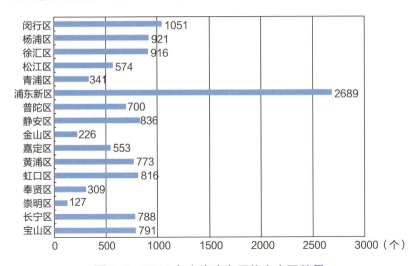

图 6-6　2016 年上海市各区住宅小区数量

截至 2016 年底，上海市共有 11988 个住宅小区聘请物业服务企业，占住宅小区总量的 96.57%。其中，闵行区的比例最高，达99.14%；青浦区的比例最低，为 92.08%。

2016 年，上海市共有 9639 个住宅小区符合成立业委会条件，其中 8642 个小区组建了业主大会和业委会，组建率为 87.86%。

---

① 本部分物业管理内容主要针对上海住宅物业进行分析。

表 6-3　上海市各区有物业服务的住宅小区情况　　　（单位：个，%）

	有物业服务的住宅小区	住宅小区	有物业服务住宅小区／住宅小区总量
宝山区	774	791	97.85
长宁区	763	788	96.83
崇明区	123	127	96.85
奉贤区	286	309	92.56
虹口区	797	816	97.67
黄浦区	754	773	97.54
嘉定区	546	553	98.73
金山区	219	226	96.90
静安区	806	836	96.41
普陀区	689	700	98.43
浦东新区	2577	2689	95.83
青浦区	314	341	92.08
松江区	554	574	96.52
徐汇区	884	916	96.51
杨浦区	860	921	93.38
闵行区	1042	1051	99.14
合　计	11988	12411	96.59

表 6-4　上海市各区住宅小区成立业委会的情况　　　（单位：个，%）

	已成立业委会的小区数	符合条件的住宅小区数	已成立业委会的小区数／符合条件的住宅小区数
宝山区	618	791	78.13
长宁区	585	788	74.24
崇明区	86	127	67.72
奉贤区	188	309	60.84
虹口区	661	816	81.00
黄浦区	430	773	55.63
嘉定区	323	553	58.41
金山区	178	226	78.76
静安区	578	836	69.14
普陀区	600	700	85.71
浦东新区	1555	2689	57.83
青浦区	156	341	45.75
松江区	273	574	47.56
徐汇区	859	916	93.78
杨浦区	727	921	78.94
闵行区	825	1051	78.50
合　计	8642	12411	69.63

（二）维修资金归集与使用

2016 年，上海市共归集维修资金 558 亿元。其中，市、区房管部门代管维修资金（专户阶段）248 亿元、业主大会自管维修资金（开户阶段）254 亿元，与 2015 年相比，归集总量增加 10.5%。

同时，累计使用维修资金 56 亿元，年度使用维修资金 8.19 亿元，2016 年维修资金使用较 2015 年增加 17.1%。

表 6-5　2012—2016 年上海市维修资金情况　（单位：亿元）

	2012 年	2013 年	2014 年	2015 年	2016 年
归集商品住宅维修资金	377.3	412.4	451.3	505	558
专户阶段资金余额	177.8	184.4	192.4	220	248
开户阶段维修资金余额	172.8	195.4	219.3	238	254
累计使用维修资金	26.7	32.7	39.6	47	56
当年使用维修资金	4.6	6	6.9	7.6	8.19

从 2016 年上海市商品住宅维修资金使用内容上来看，列前三位的分别是附属设施、外立面工程和电梯。

表 6-6　2016 年上海市维修资金使用内容　（单位：亿元）

维修项目名称	附属设施	外立面工程	电梯	弱电	屋面工程	道路	室内工程	排水	给水
使用金额	1.81	1.55	1.09	1.01	1.02	0.62	0.4	0.36	0.33
合计金额					8.19				

2016 年，上海市共有 10 个小区开展了商品住宅维修资金续筹，共续筹维修资金 145 万元。

2015 年售后公房小区房屋维修资金、电梯水泵大修更新资金和街坊公共设施管理维修资金归并为一项后，上海市的售后公房维修资金信息系统进行了升级改造，于 2016 年 10 月 17 日正式上线运行。

截至 2016 年底，售后公房维修资金余额为 141.74 亿元，累计使用 89.18 亿元，2016 年当年使用 4.6 亿元。

截至 2016 年底，售后公房维修资金累计使用额比商品住宅累计使用额高，且售后公房当年使用维修资金与维修资金余额比要比商品住宅高。

表 6-7　2016 年上海市商品住宅和售后公房当年使用维修资金与维修资金余额比

（单位：亿元）

	当年使用维修资金	维修资金余额	当年使用维修资金 / 归集维修资金
商品住宅	8.19	502	1.63%
售后公房	4.6	141.74	3.25%

（三）物业费价格水平

2016 年 6 月，上海市物业管理行业协会发布了上海市住宅物业费价格信息，根据所发布的样本信息，对上海市各类样本房屋物业管理费收费标准进行统计，估测目前各类房屋的物业费标准情况。

住宅物业费价格情况。从整体上来看，在住宅物业中采用酬金制收费方式的，物业管理费价格要高于包干制的价格。具体来看，

表 6-8　2016 年上海市各类住宅物业费价格情况（平均数）

（单位：元 / 平方米 / 月）

			小区建筑面积			
			3 万 平方米以下	3—8 万 平方米	8—15 万 平方米	15 万 平方米以上
酬金制	商品住宅	高层		3.05		
		多层		2.69		
		别墅		5.06		
	售后公房	多层		1.00		
包干制	商品住宅	高层	1.79	1.62	1.55	1.57
		多层	0.91	0.97	0.94	1.28
		别墅	4.54	2.62	2.13	2.41
	售后公房	高层	1.38	1.10	1.35	1.15
		多层	0.66	0.79	0.71	0.73

数据来源：上海市物业管理行业协会网站

根据住宅性质不同,商品住宅物业管理费要高于售后公房;根据房屋类型不同,别墅类物业管理费最高,其次为高层住宅,再次为多层住宅。从不同类型住宅物业管理费价格的差距(平均数)来看,在酬金制收费方式下,价格最高的别墅类和价格最低的售后公房之间有 4.06 元 / 平方米 / 月的差距;在包干制收费方式下,价格最高的 3 万平方米以下规模的别墅小区与价格最低的 3 万平方米以下规模的售后房多层小区之间有 3.88 元 / 平方米 / 月的差距。

表 6-9　2016 年上海市各类住宅物业费价格情况(中位数)

(单位:元 / 平方米 / 月)

			小区建筑面积			
			3 万平方米以下	3—8 万平方米	8—15 万平方米	15 万平方米以上
酬金制	商品住宅	高层		2.86		
		多层		2.65		
		别墅		4.35		
	售后公房	多层		0.80		
包干制	商品住宅	高层	1.65	1.45	1.45	1.45
		多层	0.80	0.80	0.75	1.12
		别墅	3.30	2.50	2.00	2.00
	售后公房	高层	1.35	0.95	1.35	1.15
		多层	0.80	0.80	0.80	0.80

数据来源:上海市物业管理行业协会网站

商业办公用房物业管理费价格情况。2016 年采取酬金制收费方式的商业办公用房平均物业费价格比采取包干制情况下的价格高。从平均价格来看,酬金制情况下的价格为 5.19 元 / 平方米 / 月,包干制情况下仅为 2.58 元 / 平方米 / 月。

表 6-10　2016 年上海市商业办公用房物业费价格情况 (单位:元 / 平方米 / 月)

	平均数	中位数
酬金制	5.19	5.00
包干制	2.58	2.19

数据来源:上海市物业管理行业协会网站

（四）市场监管

推进开展物业行业规范化服务。加大监督检查和物业服务企业信用监管，要求物业服务企业公开公示物业服务合同、收费项目、收费标准、办事制度和办事纪律，定期公布维修资金账目和公共收益账目，接受业主和社会监督。截至 2016 年底，市区各级房管部门累计检查 11355 个小区，开具整改单 576 张，整改事项包括：物业管理制度和收费标准未张贴，防汛物资未备齐，防台防汛应急预案不完善等。

建立物业服务价格信息发布机制。2016 年 6 月上海市住宅物业费价格信息发布（测试版）正式在上海市物业管理行业协会网站发布。上海市住宅物业费价格信息发布（测试版）包括了政策法规、价格信息及行情报告三大板块。发布了首批 536 个不同类型住宅小区的物业服务标准和服务价格信息，为业主委员会与物业服务企业协商确定价格提供参考。

引导业主推广试点酬金制。要求每个区 5% 的住宅小区进行试点或储备试点。2016 年试点酬金制住宅小区 302 个，储备项目 366 个，试点和储备项目占全市住宅小区总量的 5.59%，其中青浦区占比最高，达 10.86%，其次是金山区，达 8.10%。

三、公有房屋管理

（一）房屋规模

截至 2016 年底，上海市公有房屋总计 78.37 万户，建筑面积 3693.77 万平方米。

表 6-11　2012—2016 年上海市公有房屋规模

	2012 年	2013 年	2014 年	2015 年	2016 年
公有房屋户数（万户）	84.93	83.39	82.22	79.52	78.37
公有房屋建筑面积（万平方米）	3977.1	3906.81	3863.93	3770.22	3693.77

（二）性质结构

上海市公有房屋包括公有居住房屋和公有非居住房屋。截至 2016 年底，公有居住房屋建筑面积 3203.56 万平方米，占 86.73%；公有非居住房屋建筑面积 490.21 万平方米，占 13.27%。公有居住房屋户数 75.77 万户，占 96.68%；公有非居住房屋户数 2.6 万户，占 3.32%。

表 6-12　2012—2016 年上海市公有房屋结构

	2012 年	2013 年	2014 年	2015 年	2016 年
公有房屋户数（万户）	84.93	83.39	82.22	79.52	78.37
居住房屋总量（万户）	82.21	80.7	79.53	76.87	75.77
非居房屋户数（万户）	2.72	2.69	2.69	2.65	2.6
公有房屋建筑面积（万平方米）	3977.1	3906.81	3863.93	3770.22	3693.77
居住房屋建筑面积（万平方米）	3437.72	3375.45	3333.77	3240.54	3203.56
非居房屋建筑面积（万平方米）	539.38	531.36	530.16	529.68	490.21

（三）管理类型

从管理类型来看，公有房屋包括市、区直管公房，系统公房，市区和郊区代经代管公房三类。从户数上来看，2016 年上海市、区直管公房有 51.38 万户，占 66%；系统公房有 23.58 万户，占 30%；市区和郊区代经代管公房有 3.41 万户，占 4%。从面积上来看，2016 年上海市、区直管公房有 2139 万平方米，占 58%；系统公房有 1394 万平方米，占 38%；市区和郊区代经代管公房有 160.38 万平方米，占 4%。

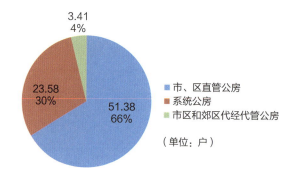

图 6-7　2016 年上海市公有房屋按管理类型分的户数

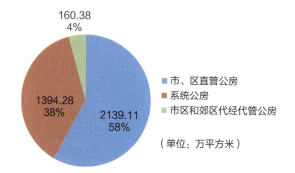

图 6-8　2016 年上海市公有房屋按管理类型分的面积数

（四）户均面积

截至 2016 年底，上海所有公有房屋户均面积为 47.13 平方米。其中，居住房屋户均面积为 42.28 平方米，非居房屋户均面积为 187.82 平方米。

表 6-13　2012—2016 年上海市公有房屋户均面积　（单位：平方米）

	2012 年	2013 年	2014 年	2015 年	2016 年
公有房屋户均面积	46.83	46.85	47.00	47.41	47.13
居住房屋户均面积	41.82	41.83	41.92	42.16	42.28
非居房屋户均面积	198.30	197.53	197.09	199.88	187.82

（五）直管公房出售

2016 年，上海市直管公有住房出售 6300 套、约 2.8 万平方米。其中浦东新区、杨浦区出售规模最大，两区合计出售规模占比超过 40%。

表 6-14　2016 年上海市直管公房出售规模　（单位：套，%，万平方米）

	数量（套）	套数占比（%）	面积（万平方米）	面积占比（%）
黄浦区	264	4.19	1.10	3.89
徐汇区	252	4.00	1.16	4.09
长宁区	421	6.68	1.94	6.88
静安区	646	10.25	2.70	9.55
普陀区	879	13.95	4.20	14.87
虹口区	493	7.83	2.13	7.54
杨浦区	1332	21.14	5.48	19.40
闵行区	78	1.24	0.42	1.49
宝山区	444	7.05	1.99	7.04
嘉定区	1	0.02	0.01	0.03
浦东新区	1371	21.76	6.52	23.08
合　计	6300	100	28.26	100

四、住宅小区综合治理

2016 年是《上海市加强住宅小区综合治理三年行动计划（2015—2017）》的推进实施年，在上海市委、市政府的领导下，在市级层面住宅小区综合治理联席会议成员单位大力支持下，在各区党委、政府和街镇的共同努力下，上海市住宅小区综合治理实现新进展，呈现新面貌，在综合管理体制机制、物业服务市场机制、社区共治和居民自治等方面，以及涉及民生的突出问题方面都取得新成效。鉴于物业服务方面在前文已有表述，本部分就针对体制机制深化、居民自治优化、民生实事改善等方面进行简要介绍。

（一）体制机制建设逐步深化

一是进一步明确全市各相关主体工作职责。上海市委、市政府办公厅印发了《关于进一步落实上海住宅小区综合治理中各相关主体工作职责的若干意见》，明确要求加强市级层面的组织领导和统筹协调，落实区党委和政府的管理责任，落实街镇党政部门属地主体责任，落实居民区党组织、居委会的指导和监督责任，落实业主自我管理主体责任和义务，完善社会各方有序参与的社区共治机制。2016年上海市委、市政府先后两次召开住宅小区综合治理工作推进会，通报工作情况，布置工作任务。应勇副书记、蒋卓庆副市长要求各部门、各单位按照《关于进一步落实本市住宅小区综合治理中各相关主体工作职责的若干意见》，进一步提高认识，加强组织领导，落实工作职责。

二是细化各区住宅小区综合治理年度任务。上海市政府与各区政府签订责任书，明确2016年度各项目标任务，并将各区工作任务分解为普遍任务、试点任务、扩大试点任务等三大类，涵盖建立住宅小区综合管理会议制度、城管综合执法进小区、网格化进小区、维修资金补建续筹等23项工作内容。

三是加强相关配套政策和制度建设。进一步加强制度建设，出台《关于加强本市住宅专项维修资金续筹工作的通知》、《关于推进居民区联席会议制度规范化建设的指导意见》等政策文件，有效补齐政策短板。

四是理顺区级房屋行政管理体制机制。加快推进区房屋行政管理等职能部门的力量下沉，与上海市机构编制委员会办公室联合印发了《关于推动本市区房屋管理职责下沉街镇工作的指导意见》（沪建物业联〔2016〕633号），明确了房屋管理办事处下沉工作的指导原则。

（二）居民业主居民自治全面推进

上海市4167个居民区（居委会）普遍建立了住宅小区综合管理联席会议制度。符合条件的住宅小区中组建业委会8469个，组建率达87.86%，业委会规范运作率达86.33%；已有2148个符合条件的业委会建立了党的工作小组，完成率为 83%；在 1440 个符合条件的住宅小区实现了居委会、业委会交叉任职，完成率为 85.46%；培育专业社会中介组织参与住宅小区综合管理事务，已覆盖 164 个街镇，全市街镇覆盖率达 76.64%；全年共培训居委会相关人员 7332 人，培训业委会人员 13069 人。

（三）有序实施惠及民生的实事项目

制定印发了《关于综合统筹推进住宅小区设施设备改造工程的通知》（沪建办发〔2016〕600 号），落实综合推进工作方法，减少改造工程施工对居民生活的影响。截至 2016 年底，全市各区积极推广静安"美丽家园"建设经验，完成三类旧住房综合改造 520 万平方米；完成老旧住宅小区电能计量表前供电设施改造 102 万户、二次供水设施改造 3676 万平方米、完成老旧住宅电梯安全评估 2074 台、修理改造更新 240 余台、完成小区积水点改造 207 个、完成 100 个老旧住宅小区的消防设施改造。印发《上海市电动自行车充电装置建设导则》，完成 510 个既有住宅小区电动自行车充电设施试点建设任务；完成 1996 年以前的 782 个住宅小区、1996 年至 2000 年间 204 个住宅小区的专项维修资金补建工作。

五、房屋使用安全管理

（一）老旧住房安全隐患处置工作

2016 年，住房和城乡建设部共两次发电要求开展房屋安全排查整治工作，上海分别于上、下半年组织召开两次对房龄在 20 年以上（1996 年底前建成），以及房龄在 20 年以内但存在"四有"情况（即有安全隐患、有多次报修、有抢险记录、居民对房屋安全有投诉或反映）的居住类房屋开展安全隐患复查，并委托专业单位对房屋结构安全进行评估或检测。

2016 年上半年复查结果显示，上海市新增存在安全隐患的疑似严重损坏房屋 269 幢、41.97 万平方米，疑似一般损坏房屋 1 幢、0.16 万平方米，均纳入老旧住房安全隐患处置项目清单。下半年复查发现的存在安全隐患的老旧住房，则纳入常态化管理。

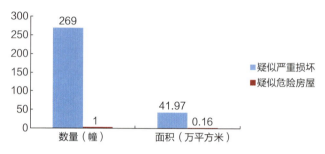

图 6-9　2016 年上海市老旧住房安全隐患复查统计数据

截至 2016 年底，上海市各区共处置完成存在安全隐患老旧住房 2899 处、226.45 万平方米。其中包括 2014 年排查发现的、2015 年尚未处置完成的 2746 处、222.82 万平方米疑似严重损坏房屋，以及 2015 年复查发现的 153 处、3.63 万平方米疑似危险房屋。

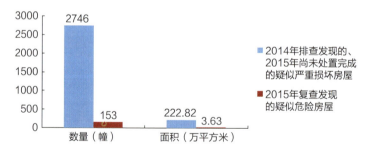

图 6-10　2016 年上海市老旧住房安全隐患处置情况

从处置结果可以看出，截至 2016 年底，2014 年上海市居住类房屋安全排查发现的疑似严重损坏房屋和疑似危险房屋均已全部处置完成。

为确保老旧住房安全隐患处置实施的有效性，保障房屋使用安全，各区针对各自管辖区处置工作开展现场检查工作，填报安全隐患处置完成检（复）查情况表；老旧住房安全隐患处置工作小组组织专业人员进行现场复查，并进行销项管理。

　　截至 2016 年底，共完成疑似危险房屋 10.59 万平方米、疑似严重损坏房屋 211.48 万平方米的处置完成销项。其中，2014 年排查发现的 7.63 万平方米疑似危险房屋已处置完成销项。

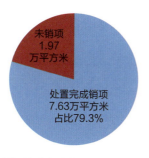
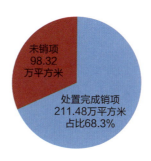

2014年排查发现疑似危险房屋处置销项情况　　2014年排查发现疑似严重损坏房处置销项情况

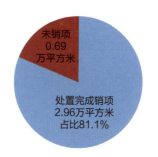

2015年排查发现疑似危险房屋处置销项情况

图 6-11　2014—2015 年上海市老旧住房安全隐患处置完成项目销项情况

　　对于部分老旧住房暂无法处置销项的项目，委托专业检测单位实施安全隐患动态监测或定期监测，制定安全隐患处置应急预案，并进行定期巡查，确保房屋安全。

（二）房屋质量检测工作

　　截至 2016 年底，共完成房屋质量检测项目 2003 项，检测房屋面积约 1423.8 万平方米，合同金额 20277.6 万元。

表 6-15　2016 年上海市房屋质量检测项目

类　　别	单　　位	数　　量
房屋质量检测项目	项	2003
检测房屋面积	万平方米	1423.8
合同金额	亿元	2.02776

2016 年，上海市房屋质量检测鉴定范围涵盖了各种既有居住建筑和非居住建筑。房屋质量检测行业在地铁轨道交通、越江隧道等重大工程建设方面，住宅修缮、物业管理、农村危旧房屋等房屋维护和管理方面，优秀历史建筑保护、危旧房涉民矛盾化解、房屋突发事件应急处置、司法鉴定等方面，发挥了不可或缺的技术支撑作用。

（三）城市房屋使用安全管理立法工作推进

城市房屋使用安全管理是城市管理的重要内容，既有房屋的安全管理问题一直是市区各级政府、社会各界和人民群众关注的重点、难点和焦点问题。

2016 年，上海市住房和城乡建设管理委员会完成《上海市城市房屋使用安全管理立法研究》课题成果，初步制定了课题转化制度性成果《上海市城市房屋使用安全管理条例（建议稿）》，并与上海市人大进行了立法工作对接，以加快房屋使用安全立法工作，完善上海市城市房屋使用安全管理体制机制。

第七章　房地产金融与税收

2016 年上海市房地产开发贷款新增量持续缩水，全年中外资银行本外币商业性房地产开发贷款全年减少 764.2 亿元，同比多减 687 亿元。相比 2015 年房地产开发贷款新增量缩水主要来自地产开发贷款的减少，2016 年则是地产、房产贷款均在减少。相比之下，本外币个人住房贷款有较大规模增长，全年新增 3352.4 亿元，同比多增 1812.7 亿元，是近五年中新增规模最大的一年。2016 年上海市公积金贷款政策收紧，全年发放个人公积金住房贷款 18.30 万笔，金额 1184.59 亿元，同比降低 8.29%、0.69%。2016 年 5 月起上海市房地产业开始实行"营改增"制度，全年实现房地产业税收 1877 亿元，同比增加 40.9%。

一、房地产信贷

（一）房地产开发贷款发放

2016 年上海市房地产开发贷款新增额同比减少。上海市中外资银行本外币商业性房地产开发贷款新增额全年减少 764.2 亿元，同比多减 687 亿元。当年本外币地产开发贷款新增额减少 417.7 亿元，同比多减 113.3 亿元。本外币房产开发贷款新增额减少 346.5 亿元，同比多减 573.7 亿元。其中，住房开发贷款新增额减少 473.7 亿元，同比多减 406.3 亿元；商用房开发贷款新增额增加 127.2 亿元，同比少增 167.4 亿元。

从过去几年来看，经历了 2014 年的大幅增加后，2015 年首次出现"缩水"，2016 年继续大幅"缩水"。其中，2015 年"缩水"主要来自地产开发贷款的减少，而 2016 年地产、房产贷款都在减少。

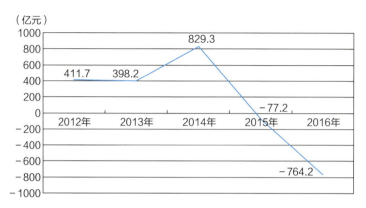

数据来源：中国人民银行上海分行网站

图 7-1　上海市中外资银行本外币商业性房地产开发贷款新增额

从年内各季度情况来看，第一季度中外资银行本外币商业性房地产开发贷款新增了 99.6 亿元；第二季度为全年中贷款缩水额最大的季度，当季减少 686.6 亿元；第三季度减少 63.9 亿元；第四季度减少 113.3 亿元。

数据来源：中国人民银行上海分行网站

图 7-2　2016 年上海市各季度中外资银行本外币
商业性房地产开发贷款新增额

2016 年保障性住房开发贷款增加额为 –239.2 亿元，比 2015 年减少 254.6 亿元。

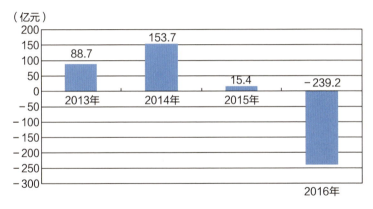

数据来源：中国人民银行上海分行

图 7-3　2013—2016 年上海市保障性住房开发贷款增加额

（二）房地产个人抵押贷款发放

本外币个人住房贷款全年新增 3352.4 亿元，同比多增 1812.7 亿元，是近五年中新增规模最大的一年。

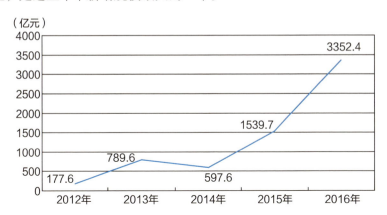

数据来源：中国人民银行上海分行网站

图 7-4　2012—2016 年上海市新增本外币个人住房贷款增加额

从各季度来看，第一至第四季度个人住房贷款分别增加 917.3 亿元、1015.5 亿元、747.7 亿元和 671.9 亿元，贷款季度增量呈∧形走势。其中，12 月份新增个人住房贷款 154.7 亿元，创近 14 个月个人住房贷款月增量新低，环比和同比分别减少 101.2 亿元和 51.7 亿元。

数据来源：中国人民银行上海分行网站

图 7-5　2016 年上海市各季度新增本外币个人住房贷款增加额

2016 年金融机构个人住房贷款余额为 10920 亿元，比上年增加 41%，增速提高了 17 个百分点。个人住房贷款占金融机构人民币个人消费贷款额比重为 74.3%。近五年来居民房贷杠杆率一直在增加，2016 年居民房贷杠杆率为 39.7%，比 2015 年增加了 8.8 个百分点。

表 7-1　上海市个人住房贷款余额情况

	2012 年	2013 年	2014 年	2015 年	2016 年
金融机构个人住房贷款余额（亿元）	4926	5686	6259	7766	10920
个人房贷余额增速（%）		15	10	24	41
个人住房贷款占金融机构人民币个人消费贷款额比重（%）	77.7	73.8	71.5	72.2	74.3
居民房贷杠杆率（贷款余额 /GDP，%）	24.4	26.1	26.6	30.9	39.7

数据来源：根据中国人民银行上海分行网站数据整理

二、住房公积金①

（一）政策调整

自 2016 年 11 月 28 日起，上海市在区分首套和二套购房的前提下，调高对第二套改善型购房的首付比例至普通商品房 50% 和非普

———————
① 本部分内容数据来源于上海市公积金中心网站。

通商品房 70%、二套普通商品房贷款利率上浮 10%、二套普通商品房个人贷款最高限额下调 10 万元，并停止向已有两次住房公积金贷款记录的职工家庭再行发放贷款；借款人以住房公积金缴存账户余额确定贷款额度的倍数从 40 倍下降到 30 倍；严格执行住房和城乡建设部还款能力的计算比例调减为每月还本额占工资基数不超过40%，以及对第二套改善型住房认定标准的口径。上海购买第二套改善型住房申请公积金贷款的家庭，现持有住房人均住房建筑面积调整为不高于 35.5 平方米。

调整后的政策如下：

第一，调整住房公积金存款利率。根据中国人民银行、住房和城乡建设部、财政部印发《关于完善职工住房公积金账户存款利率形成机制的通知》，自 2016 年 2 月 21 日起，将职工住房公积金账户存款利率，由活期和三个月存款基准利率统一调整为按一年期定期存款基准利率执行。调整后的住房公积金存款利率表如下：

表 7-2　上海市住房公积金政策调整结果

	缴存职工家庭情况		
	在本市无住房、无公积金贷款记录	无住房、有一次公积金贷款记录；或已有一套住房、购买第二套符合改善型认定条件的	无住房、有两次公积金贷款记录；或购买第二套住房但不符合改善型认定条件的
贷款资格	认定为首套住房	认定为申请第二套改善型住房	无贷款资格
贷款额度	家庭最高贷款额度 100 万元（个人最高额度 50 万元）；有补充公积金的，家庭最高贷款额度 120 万元（个人最高额度 60 万元）	家庭最高贷款额度 80 万元（个人最高额度 40 万元）；有补充公积金的，家庭最高贷款额度 100 万元（个人最高额度 50 万元）	/
首付比例	90 平方米以下：20%；90 平方米以上：30%	普通住房：50%；非普通住房：70%	/
贷款利率	基准利率	基准利率 1.1 倍	/

表 7-3　公积金存款利率　　　　　　　　　　　　　（单位：年利率％）

项　目	调整前利率	调整后利率
当年缴存	0.35	1.50
上年结转	1.10	

第二，缴存基数和月缴存额上下限调高。自 2016 年 7 月 1 日起，上海市职工住房公积金的缴存基数由 2014 年月平均工资调整为 2015 年月平均工资。2016 年度住房公积金月缴存额上限为 2494 元，城镇个体工商户及其雇用人员、自由职业者的住房公积金月缴存额上限为 4276 元，补充住房公积金月缴存额上限为 1782 元。2016 年度住房公积金按职工本人和单位各 7% 的缴存比例所对应的月缴存额下限为 282 元。城镇个体工商户及其雇用人员、自由职业者的住房公积金月缴存额下限参照此标准。2016 年度职工本人和单位住房公积金缴存比例仍为各 7%；补充住房公积金缴存比例为各 1% 至 5%。

第三，调整降低缴存比例和缓缴政策。自 2016 年 7 月 14 日起，将降低缴存比例的范围调整为除生产经营困难企业外，进一步扩大到新设立的小型、微型企业。根据企业生产经营困难不同程度，设定了不同的降低缴存比例和缓缴的条件。

第四，出台《上海市家庭生活困难职工提取住房公积金实施办法》。明确职工有符合下列条件之一的，可以申请提取本人住房公积金账户内的存储余额，用于支付房租、物业管理费、售后公房物业维修费等费用：

享受城镇居民最低生活保障的；

本人、配偶及其直系血亲患慢性肾衰竭（尿毒症）、恶性肿瘤、再生障碍性贫血、慢性重型肝炎、心脏瓣膜置换手术、冠状动脉旁路手术、颅内肿瘤开颅摘除手术、重大器官移植手术、主动脉手术等重病、大病，且造成家庭生活严重困难的；

连续失业两年以上，且家庭人均月收入低于当年公布的本市职工最低工资的。

第五，出台《上海市住房公积金个人购买共有产权保障住房贷款实施细则》。对于购买共有产权保障住房的贷款人，重点是提高其筹款能力和还款能力。一是对"共同借款人"进行了明确，除借款人之外，借款人的配偶和共有产权保障住房共同产权人应作为住房公积金共有产权保障住房贷款的共同借款人。借款人的直系血亲和产权人之外的共有产权保障住房共同申请人，经本人同意可作为住房公积金共有产权保障住房贷款的共同借款人。共同借款人应同时符合住房公积金贷款申请条件。二是提出了"补充还款人"机制，当住房公积金共有产权保障住房贷款的借款人发生还款困难时，借款人和共同借款人可向上海市公积金管理中心提出增加补充还款人的申请。补充还款人的范围包括：借款人的父母、子女、兄弟和姐妹。经补充还款人本人同意，并由市公积金中心核准，签订相关补充协议后，其缴存的住房公积金余额可专项用于住房公积金共有产权保障住房贷款的还款。

（二）缴存

2016 年，上海市有公积金实缴单位 31.39 万家，新开户单位 5.20 万家，净增单位 4.39 万家，实缴单位数同比增长 16.3%；实缴职工 764.74 万人，新开户职工 93.33 万人，净增职工 50.37 万人，实缴职工数同比增长 7.05%；当年缴存额 1018.58 亿元，同比增长 15.62%。截至 2016 年底，缴存总额 7115.14 亿元，缴存余额 3181.79 亿元，同比分别增长 16.71%、12.73%。

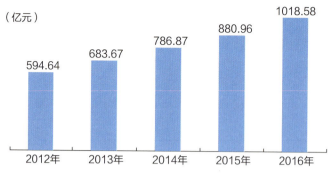

（亿元）

594.64　683.67　786.87　880.96　1018.58

2012年　2013年　2014年　2015年　2016年

图 7-6　2012—2016 年上海市公积金缴存额情况

在缴存单位中，国家机关和事业单位占 2.93%，国有企业占 2.48%，城镇集体企业占 1.38%，外商投资企业占 7.77%，城镇私营企业及其他城镇企业占 83.75%，民办非企业单位和社会团体占 0.61%，其他占 1.08%。

在缴存职工中，国家机关和事业单位占 9.40%，国有企业占 14.06%，城镇集体企业占 2.24%，外商投资企业占 18.07%，城镇私营企业及其他城镇企业占 53.42%，民办非企业单位和社会团体占 0.81%，其他占 2.00%。

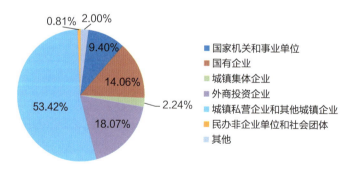

图 7-7　2016 年上海市实缴职工按所在单位性质分类

在缴存职工中，低收入群体占 57.44%，中等收入群体占 33.65%，高收入群体占 8.91%。

（三）提取

2016 年，上海市提取住房公积金 2010.53 万笔，提取金额为

659.37 亿元，同比增长 29.17%；占当年缴存额的比率 64.73%，比上年同期增加 6.78 个百分点。

截至 2016 年底，公积金提取总额为 3933.35 亿元，同比增长 20.14%。

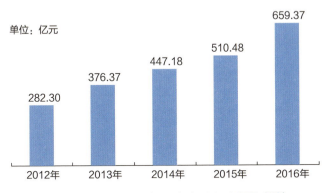

图 7-8　2012—2016 年上海市公积金提取额情况

在提取的金额中，住房消费提取占 83.91%（偿还购房贷款本息占 72.49%，购买、建造、翻建、大修自住住房占 8.35%，租赁住房占 3.06%，其他占 0.01%）；非住房消费提取占 16.09%（离休和退休占 14.43%，完全丧失劳动能力并与单位终止劳动关系占 0.01%，户口迁出上海或出境定居占 0.11%，其他占 1.54%）。

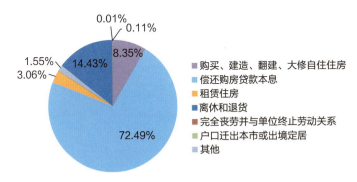

图 7-9　2016 年上海市住房公积金提取额按提取原因分类

（四）贷款

2016 年，上海市发放个人住房贷款 18.30 万笔，贷款金额为

1184.59 亿元，同比分别降低 8.29% 和 0.69%。

截至 2016 年底，累计发放个人住房贷款 233.81 万笔，金额为 6472.82 亿元，贷款余额 3257.77 亿元，同比分别增长 8.50%、22.40%、17.61%。个人住房贷款率为 102.39%，比上年同期增加 4.25 个百分点。

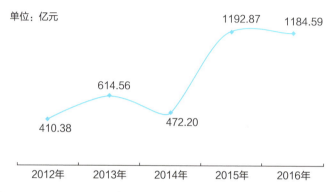

图 7-10　2012—2016 年上海市住房公积金个人住房贷款发放额

2016 年，支持职工购建房 1545.59 万平方米，年末个人住房贷款市场占有率为 22.98%，比上年同期减少 3.79 个百分点。通过申请住房公积金个人住房贷款，在贷款合同约定的存续期内可节约职工购房利息支出 218.84 亿元。

职工贷款所购住房套数中，90（含）平方米以下占 64.16%，90—144（含）平方米占 30.54%，144 平方米以上占 5.30%；新房占 27.17%，二手房占 72.83%。

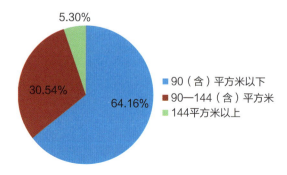

图 7-11　2016 年个人住房公积金所购住房套数按面积分类

在职工贷款笔数中，单职工申请贷款占 48.51%，双职工申请贷款占 51.11%，三人及以上共同申请贷款占 0.38%。

在贷款职工中，低收入群体占 35.36%，中等收入群体占 62.10%，高收入群体占 2.54%。

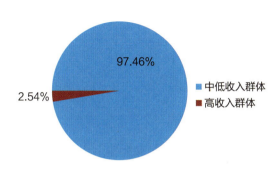

图 7-12　2016 年上海市个人住房贷款职工按收入水平分类

2016 年，发放支持保障性住房建设项目贷款 2.86 亿元，无应收贷款本金，实收贷款本金 4.19 亿元。

截至 2016 年底，累计发放项目贷款 95.47 亿元，项目贷款余额 5.98 亿元。累计有住房公积金试点项目 15 个，贷款额度 119.82 亿元，建筑面积共 229.90 万平方米，可解决 28061 户中低收入职工家庭的住房问题。其中，经济适用房项目 3 个、额度 27.7 亿元；棚户区改造安置用房项目 9 个、额度 60.68 亿元；公共租赁住房项目 3 个、额度 31.44 亿元。13 个试点项目贷款资金已发放并还清贷款本息。

2016 年，上海市公积金管理中心首次与 8 家商业银行合作开展办理住房公积金贴息贷款业务，既有效缓解了因上海房地产交易增长过快形成的住房公积金贷款资金暂时性紧张，又促进了房地产市场平稳健康发展。

公积金贴息贷款是上海市公积金管理中心与商业银行合作，由商业银行用自有资金向借款人发放的贷款。借款人按照公积金贷款利率支付贴息贷款部分的利息，上海市公积金管理中心承担商贷利率高于公积金贷款利率形成的利息差额。公积金贴息贷款在利率和期限上都和普通公积金贷款保持一致，即借款人享有央行公布的公积金贷款利率。在其他首付比例、期限、认房等政策上按照公积金贷款政策处理。

2016年4月起开展住房公积金贴息贷款业务，全年发放住房公积金贴息贷款36937笔，金额250.71亿元，支持职工购建房326.8万平方米。当年贴息额0.55亿元。

2016年，在银行间市场公开发行两期个人住房贷款资产支持证券，所募集资金解决了约4.4万户职工家庭的住房公积金贷款发放问题，涉及11.19万笔贷款。截至初始起算日（2016年1月1日零时），全部未偿贷款本金余额为320.97亿元。

截至2016年底，累计发行三期个人住房贷款资产支持证券的贷款笔数为11.89万笔，未偿贷款本金余额为305.71亿元。

其中，上海市公积金管理中心作为发起机构、上海国际信托有限公司作为受托机构联合申报的"沪公积金系列个人住房贷款资产支持证券"项目荣获2016年度上海金融创新成果奖一等奖。

三、房地产税收①

（一）税收总额与结构

根据上海市税务局统计数据显示，2016年上海市实现房地产业税收1877亿元，同比增加40.9%，占比为16.5%。

---

① 本部分资料来源于上海市税务局。

图 7-13　2012—2016 年上海市房地产业税收

从结构上来看，营业税和增值税两项合计占比最大，为 32%，其次为企业所得税，占比为 22.9%；契税和土地增值税占比也较大，分别为 17.5% 和 16.1%。从增速上看，个人所得税同比增幅最大，为 98.8%，其次为营业税和增值税，合计增幅为 60.3%。

表 7-4　2016 年上海市房地产税收结构　（单位：亿元）

	项目名称	2016 年税收额	同比增幅	占　比
	房地产业税收	1876.7	40.90%	100.00%
	营业税	357.1	60.30%	32.00%
	增值税	243.2		
	企业所得税	429.7	43.20%	22.90%
其中	土地增值税	302	28.30%	16.10%
	个人所得税	54.1	98.80%	2.90%
	契税	327.6	20.90%	17.50%
	其他	163		8.60%

（二）重点税种情况

2016 年 5 月起，上海市房地产业开始实行"营改增"制度。2016 年"营改增"收入完成 1242.6 亿元。自从全面推开"营改增"以来，上海市税务局通过完善政策解读、优化服务措施，所有行业均实现了税负下降。同时，"营改增"对产业升级发展、企业规范管理也产生了积极的影响。企业减轻税负的同时，第二、第三产业间的抵扣链条彻底打通，上下游企业、行业间形成相互促进、共同发展的新局面。

按照上海市个人住房房产税试点暂行办法和有关征管规定，继续做好房产税征免认定工作。针对试点中出现的新情况，开展政策调研、案例分析。继续做好 2016 年度个人住房房产税征收工作，在应征套数逐年增加的情况下，各区税务局进一步加大个人住房房产税征收力度，做好征收各项工作，确保征收率与 2015 年基本持平。2016 年度应缴纳个人住房房产税的住房为 26.3 万套。

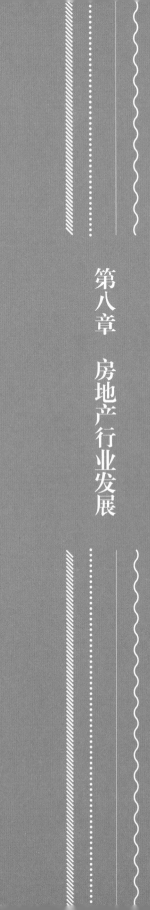

第八章　房地产行业发展

一、房地产开发行业[①]

（一）行业发展概况

2016 年上海市共有房地产开发企业 5001 家，比上年减少 305 家，减幅为 5.7%。

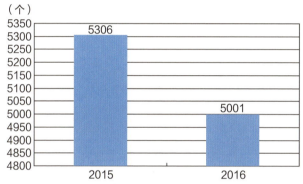

图 8-1　2016 年上海市房地产开发企业规模

从企业结构来看，91.38% 为中资企业，8.62% 为外资企业。

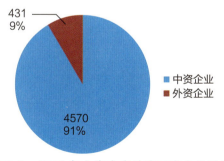

图 8-2　2016 年上海市房地产开发企业结构

从企业资质情况来看，一级企业有 44 家，占比 1%；二级企业

---

① 本部分内容资料来源于上海市房管系统统计资料汇编。

365 家，占比 7%；三级企业 484 家，占比 10%。其余企业资质均为暂定。

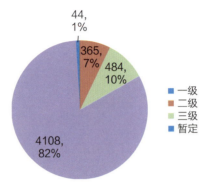

图 8-3　2016 年上海市开发企业资质等级情况

具体来看，外资企业中一级企业比例比中资企业高，但二级企业的比例不如中资企业。

表 8-1　2016 年上海市开发企业资质等级情况

	企业合计	中资企业	外资企业
一级	0.88%	0.88%	0.93%
二级	7.30%	7.77%	2.32%
三级	9.68%	9.56%	10.90%
暂定	82.14%	81.79%	85.85%
合计	100.00%	100.00%	100.00%

2016 年上海市开发企业注册资金总额为 1478 亿元，比上年减少 1.5%。

从单个企业平均注册资金额来看，2016 年比 2015 年略有增加，从 2829 万元增加到 2956 万元。

外资企业平均单个企业注册资金规模要比中资企业大。从 2016 年的情况来看，外资企业平均单个企业注册资金为 5866 万元，中资企业为 2682 万元。

图 8-4　2015—2016 年上海市开发企业注册资金情况

表 8-2　2015—2016 年上海市中资企业和外资企业注册资金情况

	2015		2016	
	中资企业	外资企业	中资企业	外资企业
注册资金总额（亿元）	1310.5	190.6	1225.46	252.84
平均每个企业注册资金（万元）	2678.86	4603.86	2681.53	5866.36

2016 年上海市开发企业从业人员规模 48536 人，比上年减少 4.6%。

从平均每个从业人员数来看，2016 年单个企业平均从业人员有 9.7 个。

图 8-5　2015—2016 年上海市开发企业从业人员情况

2016 年中资企业平均单个企业从业人员数为 9.76 人，外资企业为 9.11 人。

表 8-3　2015—2016 年上海市中资企业和外资企业从业人员情况

	2015		2016	
	中资企业	外资企业	中资企业	外资企业
从业人员数（人）	47122	3754	44608	3928
平均每个企业从业人员数（人）	9.63	9.07	9.76	9.11

（二）行业协会主要工作

完成脱钩改制试点工作。2016 年，上海市房地产行业协会（以下简称市房协）被列为上海市第一批行业协会商会脱钩试点名单。为此，市房协根据上海市住房和城乡建设管理委员会的要求，制定了《上海市房地产行业协会脱钩试点实施方案》，并于 9 月完成了脱钩改制的各项任务，并顺利通过脱钩改制工作验收。目前市房协已是自主办会的民间组织。

搭建平台，研判市场。2016 年，上海房地产市场呈现非理性过热的状态，市场量价同比大幅上升。随着"沪九条""沪六条"等调控政策效应的逐渐显现，年底市场开始回调，交易量回落，住房价格指数环比涨幅收窄。面对波动加剧的市场走势，市房协通过座谈会、论坛和调研报告等形式，加强对市场的研判，配合政府部门做好政策宣讲工作，及时向会员企业传递和反馈调控政策和市场信息，帮助会员企业理性判断市场走势，依据当前市场政策作出正确的经营决策。

2016 年，市房协共举办了五次"双月报告会"，内容涵盖房地产市场政策研判、"营改增"对房地产行业的影响、土地市场与政策、楼市调控新政解读等会员企业关注的问题。同时组织撰写和发布《2016 年上半年上海房地产市场情况调研报告》和《2016 年上海房地产市场运行情况的调研报告》。

巩固房地产开发企业诚信承诺活动。2016 年，市房协汇总整理了各分支机构上交的诚信承诺先进企业及诚信承诺企业的相关资料，走访了上海市工商行政管理局、上海市消费者权益保护委员会、上海市精神文明办公室等相关部门征询意见，并做好诚信公示公告等相关工作。同时，继续加强与上海市企业诚信创建活动组委会的联系，深化诚信创建内涵，提升诚信创建质量，交流诚信创建经验。有力地推动了开发企业踊跃参加上海市诚信企业创建活动，现共有 94 家会员企业参加"上海市诚信创建"活动。

推动住宅产业化工作落实。围绕上海市被列为国家住宅产业现代化综合试点城市，市房协先后组织了"定位修复结构裂缝达到无渗漏的创新技术研讨会"和"海绵城市建设技术应用论坛"等活动，并组织会员企业参加"2016 中国住宅批量精装产品峰会暨第三届 TOP100 房企产品创新论坛"，使住宅产业化工作落在实处。

二、房地产经纪行业①

（一）行业发展概况

截至 2016 年底，上海市共有备案的房地产经纪机构 10159 家，比上年末增长 19.56%；分支机构 3664 家，比上年末增长 43.46%。

在房地产经纪机构中，有外资企业 553 家，占 5.4%；内资企业 9400 家，占 92.5%。

---

① 本部分资料来源于上海市房屋管理系统统计资料汇编。

表 8-4　2016 年上海市备案的房地产经纪机构情况

类　　　别	2015 年	2016 年	增　　幅
机构备案合计（个）	8497	10159	19.56%
其中：外资			
# 外商独资	368	388	5.43%
# 中外合资合作	24	27	12.50%
# 港澳台独资	106	138	30.19%
其中：内资			
# 合伙企业	73	83	13.70%
# 股份制机构	472	729	54.45%
# 国有机构	434	738	70.05%
# 其他有限责任公司	2964	3645	22.98%
# 个人独资机构	3941	4205	6.70%
# 其他	115		
分支机构数（个）	2554	3664	43.46%

截至 2016 年底，上海市房地产经纪机构在册从业人员 48637 人，比上年增长 26.33%。其中持房地产经纪人员资格证人数为 17344 人，占所有在册从业人员的 35.7%。

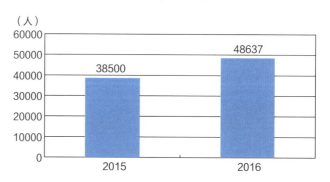

图 8-6　2015—2016 年上海市房地产经纪机构从业人员情况

（二）行业协会主要工作

探索创新服务方法。一是从调查研究入手，探索行业自律管理的新内容和新途径，适应新形势下房地产经纪行业协会工作的新方法。2016 年，先后成立"房地产经纪纠纷调解中心""房地产经纪行业诚信自律联盟"和"经纪纠纷调解中心"。先后召开了多场调解会，赢得了管理部门、会员单位、消费者多方认可；还对发生经纪纠纷拒不参加调解的机构，在协会网站开辟"消费警示"专栏，用红色字体提醒消费者，此举起到了一定的震慑作用。

二是设立房屋租赁专业委员会。2016 年初，由青客、我爱我家（家营）、魔方、地产优家、世联晟曜、源涞国际、自如、微领地等 8 家机构作为首批发起单位，成立了协会房屋租赁专业委员会，为推动和规范租赁行业建设开创了新局面。同时，结合行业现状，研究从业人员"持牌上岗"并建立"红黑名单"制度。与上海市执业经纪人协会就"创建网络经纪可信平台"及加强行业间信息交流和深度合作进行了深入研讨。

三是积极参与上海市企业诚信创建活动。参与了万科、易居中国等近 20 家大型开发企业、销售代理企业、主流媒体等共同发起的"房地产销售诚信联盟"，该活动为建设诚信规范的销售环境，弘扬企业诚信建设注入了一股清风。

持续推动行业规范。一是积极配合专项整治。近年来，高度重视规范房地产中介市场，实施监管之严"力度空前"，一些机构和从业人员因违规受到通报和查处。这期间，房地产经纪行业协会积极响应管理部门的号召，一方面向机构发出"关于积极参与房地产经纪专项整治签订《房产中介机构承诺函》的通知"，努力整改，另一方面急机构所急，积极调动多方资源，努力协调，化解矛盾；并组织开展了机构与银行间签订承诺函的工作，可以说经过大家的共同努力及时避开了行业内的一次"地震"。

二是积极推进与银行同业公会的合作。为进一步落实《关于加强房地产中介管理、促进行业健康发展的意见》文件精神，适时组织召开了由管理部门、15 家房产中介骨干企业和 16 家大型知名银行共同参与的"规范个人房贷业务　促进房产市场发展"推进会，签订了《上海房地产经纪行业协会与上海市银行同业公会合作协议》，并就相关银行与房产中介机构合作名单准入和退出机制等开展了广泛深度的合作。

三是持续认真开展"诚信为本、信誉至上"行业诚信教育，并积极修订行业诚信教育教材，契合学员需求。

积极开展课题研究和横向交流。一是积极开展课题研究。组织开展了《关于对利用互联网从事房地产经纪模式的监管制度课题研究》《房地产交易窗口风险防控课题研究》《进一步完善上海住房交易流程和监管机制的研究》和《上海房地产交易中心场所安全管理研究报告》等课题研究，并组织了房地产经纪行业诚信建设研讨会。

二是加强了横向交流。2016 年，与杭州市交易中心开展了来访活动，就共同关心的行业建设作了深入交流。为进一步加强行业自律管理，促进行业更加健康发展，邀请了中原、信义、链家、爱屋吉屋、我爱我家、21 世纪、Q 房、太平洋等骨干机构就行业热点、黑名单制度、近期发生案例、可信交易平台等进行了深入研讨。

三、房地产估价行业①

（一）行业发展概况

截至 2016 年底，上海市共有房地产估价机构 77 家，比上年增加 1 家。其中，一级资质 33 家，比上年减少 2 家；二级资质 13 家，比上年增加 3 家；三级资质 19 家，比上年增加 3 家；暂定三级 3 家，比上年减少 2 家；分支机构 9 家，比上年减少 1 家。

----

① 本部分内容数据来源于上海市房屋管理系统统计资料汇编。

表 8-5　2016 年上海市房地产估价机构规模和资质情况

估价机构	2015	2016
估价机构合计（个）	76	77
其中：一级	35	33
二级	10	13
三级	16	19
三级暂定级	5	3
分支机构	10	9

上海市各类估价行业从业人员共计 3125 人，比上年减少 74 人。其中执业注册房地产估价师 1035 人，比上年减少 50 人；非执业注册房地产估价师 2090 人，比上年减少 24 人。

表 8-6　2016 年上海市房地产估价行业从业人员

从业人员	2015	2016
估价人员（人）	3199	3125
其中：执业注册房地产估价师	1085	1035
非执业房地产估价师	2114	2090

2016 年，上海市房地产估价行业业务量平稳增长。据统计，估价行业共完成各类估价项目约 19.16 万个，涉及总房屋建筑面积约 2.41 亿平方米，总评估价值约 3.77 万亿元。总经营收入约 13.07 亿元（同比增幅约 34.8%），其中房地产评估收入约 12.51 亿元（约占总经营收入 95.7%）。

经营收入位列前十的房地产估价机构合计收入约 6.43 亿元，约占房地产评估收入 51.3%；一级企业（36 家）总收入 10.8 亿元，约占 86.33%。企业平均评估收入 1560 万元 / 家（2015 年约 1220 万元 / 家，增幅约 27.8%）。行业人均评估收入约 60 万元。

从业务领域分布来看，房地产转让 / 抵押评估、房地产课税评估、房地产咨询是目前上海市各估价机构参与度最高的业务领域。2016 年上海市评估项目数位列前六的项目，分别是抵押评估项目约

14.87 万个、税收估价项目约 2.1 万个、顾问咨询服务项目约 0.89 万个、其他目的评估项目约 0.52 万个、房地产纠纷估价项目约 0.27 万个、征收评估项目约 0.17 万个，六类项目约占总项目数 98%。

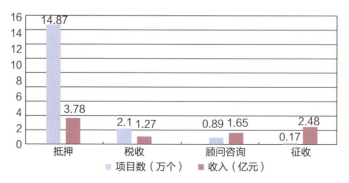

图 8-7   2016 年上海市占比较大的评估类别项目规模情况

从营业收入增长情况来看，大部分房地产估价机构在房地产咨询、征收 / 拆迁补偿评估业务上保持较快增速。2016 年上海估价行业经营收入中，按照评估目的位列前五的分别是抵押评估收入约 3.78 亿元、征收评估收入约 2.48 亿元、其他目的评估收入约 1.72 亿元、顾问咨询服务收入约 1.65 亿元、税收估价收入约 1.27 亿元，五类合计约占房地产评估收入 87.13%。

图 8-8   2015—2016 年上海市五类业务收入对比

与 2015 年相比，2016 年抵押评估收入减少约 0.07 亿元，降幅约 2%；征收评估收入增加约 0.51 亿元，增幅约 25.9%；其他目的评估收入增加约 0.63 亿元，增幅约 57.8%；顾问咨询服务增加约 0.95 亿元，增加显著，增幅达 135%；税收估价增加 0.63 亿元，增幅约 49.6%。

2016 年评估收入增加部分主要来源于顾问咨询服务、其他目的（公证、移民、资产证明、减量化等）评估、税收估价、征收评估。其中，顾问咨询服务主要涉及：不良资产处置、土地规划和整理、绩效评估、项目前期调查与成本测算、预评估等；其他估价目的的收入主要来源于集体土地上的阶段性工作，涉及减量化以及房屋动迁中两次评估等。

（二）行业协会主要工作

自律机制得到加强，行业自律成效显现。协会通过行业自律体系建设课题研究，制定并颁布了行业自律规范，包括《上海市房地产估价行业失信行为记录指引（试行）》和《上海市房地产估价行业自律公约》、《上海市房地产估价行业失信行为惩戒办法（试行）》、《上海市房地产估价师协会失信名单管理办法（试行）》等，形成了以行业诚信管理制度、行业协会会员管理制度和行业自律公约制度为主要内容的行业自律制度，初步确立了行业自律基本制度框架。

行业研究氛围较浓，科研成果得到应用。牵头组织、积极开展行业相关研究。已完成的有《上海市房地产估价行业发展"十三五"规划研究》（这在全国估价行业中尚属首次）《上海市房地产区片价格评估研究》《上海市土地增值税扣除项目评估技术指引研究》《房地产信息系统建设与管理》《上海市房地产交易环节计税价值评估技术方案研究》。此外，行业协会组织并开展了每两年一次的行业优秀论文评选活动。

积极开展对外交流，机构合作跨域推进。协会多次走访上海市发展与改革委员会、上海市国有资产监督管理委员会、上海市税务局、上海市金融服务办公室、中国银行业监督管理委员会上海监管局、上海市银行同业公会、中国房地产估价师与房地产经纪人学会、中国土地估价师与土地登记代理人协会，就行业内的重点、难点和热点问题开展交流探讨，并参加京津沪渝四个直辖市的估价行业联谊活动，接待外省市协会的来访等，组织国内外形式多样的行业交流活动，突破了行业的地域限制，谋求取长补短共同发展。

四、物业服务行业
（一）行业发展概况 ①

2016 年，上海市物业服务行业市场总产值为 868.65 亿元。物业企业登记数为 3451 家，比上年增加 4.5%。

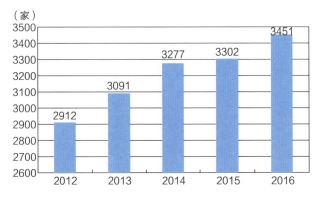

图 8-9　2012—2016 年上海市物业服务企业登记数

2016 年，物业管理行业从业人员 83.9 万人，比上年增长 104.5%。

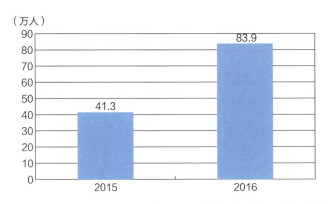

图 8-10　2015—2016 年上海市物业服务企业从业人员规模

---

① 本节数据均来源于上海市物业管理行业协会。

一级企业从业人员整体年龄最轻，二级企业其次，三级企业从业人员整理偏老。

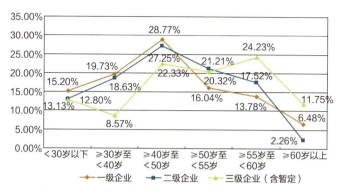

图 8-11　上海市物业服务企业从业人员年龄分布

物业服务企业中，一级企业从业人员学历最高，二级企业其次，三级企业最低。

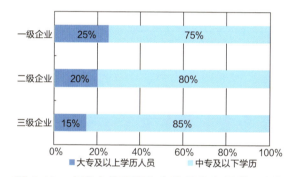

图 8-12　上海市物业服务企业从业人员学历分布

一级企业中，中高级职称和技术工人规模最大，其次为二级企业，三级企业最小。

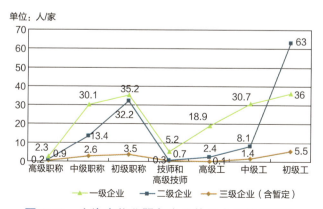

图 8-13　上海市物业服务企业从业人员技术职称

所有样本中填报有物业管理师资格信息的企业共 226 家（占样本总数的 70%），共有物业管理师资格人员 1936 名。绝大部分物业管理师资格人员在一级企业。

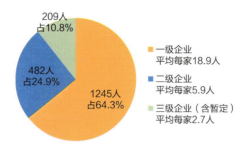

图 8-14　上海市物业管理师人员分布

各个岗位中一级企业的月薪最高，其次为二级企业，三级企业最低。绝大部分岗位固定月薪都在 5000 元以下。

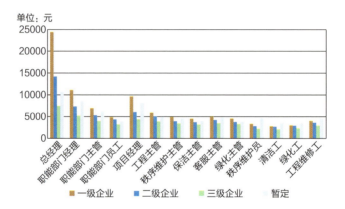

图 8-15　上海市物业服务企业岗位平均薪酬

绝大部分作业人员固定月薪集中在 2000—5000 元。

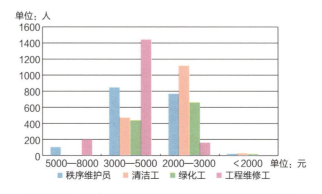

图 8-16　上海市物业服务企业作业人员平均薪酬

多层住宅物业费大多在 0.5—1 元 / 平方米 / 月；高层住宅在 1—2 元 / 平方米 / 月；独立式住宅在 3—5 元 / 平方米 / 月。

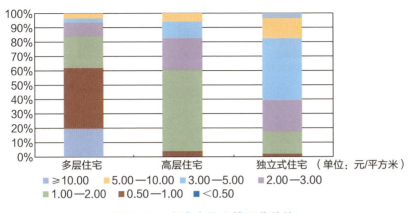

图 8-18 上海市物业管理费价格

一级企业外包程度最高，其次为二级企业，三级企业外包程度最低。

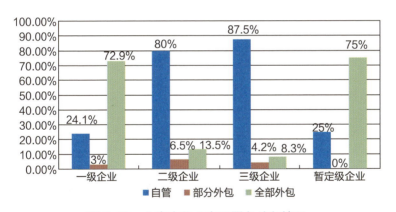

图 8-19 上海市物业专项服务外包情况

2016 年上海市一级企业个数占比 4%，管理的物业面积占比为 25.9%，营业收入比达 47.2%。4% 的一级企业占据了全市近一半的营业收入。二级企业的占比为 16.2%，管理的物业面积的占比为 24.5%，营业收入占比为 30%。三级企业数量比例为 79.8%，管理的物业面积占比为 49.6%，营业收入占比仅为 22.8%。

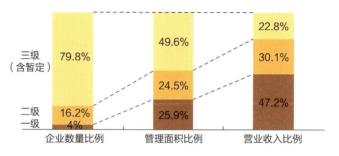

图 8-20　上海市物业市场份额

● 4. 重点企业名录 ●

表 8-7　2016 年上海市从业人员总量超过 3000 人的企业名录

序号	企 业 名 称	资质等级	在岗从业人员总数（人）	其　中	
				在编人员数（人）	外包人员数（人）
1	上海东湖物业管理有限公司	一级	12659	3515	9144
2	上海锐翔上房物业管理有限公司	一级	5341	3177	2164
3	上海上实物业管理有限公司	一级	5100	4677	423
4	上海科瑞物业管理发展有限公司	一级	5090	2787	2303
5	上海陆家嘴物业管理有限公司	一级	5027	2395	2632
6	上海紫泰物业管理有限公司	一级	4069	2803	1266
7	上海明华物业管理有限公司	一级	4033	3177	856
8	上海新世纪房产服务有限公司	一级	3486	3186	300
9	上海永绿置业有限公司	一级	3058	1800	1258

表 8-8　2016 年上海市营业收入超过 5 亿元企业

序号	企 业 名 称	资质等级	营业收入（万元）
1	上海东湖物业管理有限公司	一级	110936.00
2	交银企业管理服务（上海）有限公司	二级	83900.44
3	上海陆家嘴物业管理有限公司	一级	81523.32
4	上海德律风置业有限公司	一级	74375.45
5	上海世博会有限公司	一级	71327.80
6	上海科瑞物业管理发展有限公司	一级	70876.00
7	上海上实物业管理有限公司	一级	70644.00
8	上海保利物业酒店管理集团有限公司	一级	64398.00
9	上海复医天健医疗服务产业股份有限公司	一级	64251.19
10	上海吉晨卫生后勤服务管理有限公司	一级	59142.00

序号	企业名称	资质等级	营业收入（万元）
11	上海复欣物业管理发展有限公司	一级	58445.00
12	上海上房物业服务股份有限公司	一级	56098.00
13	上海高地物业管理有限公司	一级	50518.00

表 8-9　2016 年上海市利润总额超过 3000 万申报企业

序号	企业名称	资质等级	年度利润总额（万元）
1	上海东湖物业管理有限公司	一级	12371.00
2	上海科瑞物业管理发展有限公司	一级	9443.00
3	上海复医天健医疗服务产业股份有限公司	一级	5726.82
4	上海上实物业管理有限公司	一级	5498.00
5	上海百联物业管理有限公司	一级	5231.64
6	上海明华物业管理有限公司	一级	4525.00
7	上海高地物业管理有限公司	一级	4460.00
8	上海景瑞物业管理有限公司	一级	3942.00
9	上海锐翔上房物业管理有限公司	一级	3866.98
10	上海上房物业服务股份有限公司	一级	3568.00
11	狮城怡安（上海）物业管理有限公司	一级	3525.04
12	上海中星集团申城物业有限公司	一级	3504.00
13	上海徐房（集团）有限公司	二级	3369.42
14	上海保利物业酒店管理集团有限公司	一级	3337.00
15	上海永绿置业有限公司	一级	3262.60
16	上海德律风置业有限公司	一级	3089.53

表 8-10　上海市管理规模超过 2000 万平方米企业

序号	企业名称	资质等级	管理总建筑面积（万平方米）
1	上海高地物业管理有限公司	一级	1919.55
2	上海科瑞物业管理发展有限公司	一级	1809.52
3	上海明华物业管理有限公司	一级	1362.98

（二）行业协会主要工作

加强宣传协调，引领行业在改革转型中稳步发展。2016 年，随着"营改增"全面实施，物业费、停车费价格放开，物业管理师、助理物业管理师资格相继取消，APP、OTO 平台建立，企业并购、资本化、信息化、互联网迅速发展，面对新情况、新问题和新趋势，协会及时组织调研、试点，主动向市政府有关部门咨询协调，并采取专题辅导，举办行业发展论坛、报告会和研讨会等各种形式进行宣传，使会员单位及时了解大局，把握趋势。

采取多种形式，着力加强从业人员队伍建设。2016 年共开展七类项目培训，涉及 3425 人。其中，助理物业师 867 人，竞赛培训 825 人，设施设备培训 291 人。完成物业管理员（四、五级）、保洁员（三级）和设备操作专项能力等培训项目的开发，引进（IFMA）证书项目。

此外，广泛开展岗位练兵、技能比武，弘扬爱岗敬业的工匠精神。先后举办了项目经理岗位知识竞赛；第二届行业秩序维护员技能大赛；组织防汛、防台演练；开展第二届金点子征集活动；深化诚信承诺活动，并将诚信承诺作为物业企业入会的必要条件，着力扩大覆盖面；组织市优项目评比，展示行业精神面貌，扩大物业行业的社会影响。

强化基础管理，协会规范化建设水平进一步提高。协会秘书处以创建 5A 级社会组织为契机，在梳理各部门职能的基础上，清理和完善了七大类共 70 多项规章制度，进一步规范财务、资产和档案管理，先后接受了上海市城乡建设和交通工作党委、国家审计局和市社团局 5A 级社会组织规范建设共 3 次评审，都得到了较高的评价。

2016年颁布的房地产业法律法规和规范性文件

一、住房保障

住建部、财政部联合印发关于做好城镇住房保障家庭租赁补贴工作的指导意见（建保〔2016〕281号）

民政部、住房和城乡建设部关于做好社会救助家庭住房公积金、住房保障、住房买卖等信息核对工作的通知（民发〔2016〕238号）

上海市共有产权保障住房管理办法（上海市人民政府令第39号）

上海市人民政府办公厅关于转发市住房城乡建设管理委等五部门制订的《上海市共有产权保障住房供后管理实施细则》的通知（沪府办〔2016〕78号）

上海市住房和城乡建设管理委员会关于商品房项目中配建共有产权保障住房（经济适用住房）预（销）售有关事项的通知（沪建保障〔2016〕69号）

上海市住房和城乡建设管理委员会关于进一步加强本市共有产权保障住房违规违约使用专项整治工作的通知（沪建保障〔2016〕

434 号）

上海市住房和城乡建设管理委员会关于开展第六批次共有产权保障住房申请供应工作的通知（沪建保障〔2016〕787 号）

上海市住房和城乡建设管理委员会关于印发《上海市共有产权保障住房申请、供应实施细则》的通知（沪建保障联〔2016〕815 号）

上海市住房和城乡建设管理委员会关于征收安置住房（动迁安置房）"供应单"新增电子版的通知（沪建旧改〔2016〕869 号）

上海市住房和城乡建设管理委员会关于印发《本市保障性住房项目应用建筑信息模型技术实施要点》的通知（沪建建管〔2016〕1124 号）

上海市住房和城乡建设管理委员会关于印发《加强本市住房保障信用体系建设实施意见（试行）》的通知（沪建保障〔2016〕1214 号）

上海市发展和改革委员会、上海市住房和城乡建设管理委员会关于印发《上海市共有产权保障住房价格管理办法》的通知（沪发改价督〔2016〕4 号）

二、房地产市场管理

国务院办公厅关于加快培育和发展住房租赁市场的若干意见（国办发〔2016〕39 号）

住房城乡建设部、国家发展改革委、人力资源社会保障部关于修改《房地产经纪管理办法》的决定（住房和城乡建设部、国家发展和改革委员会、人力资源和社会保障部令第 29 号）

住房城乡建设部等部门关于加强房地产中介管理促进行业健康发展的意见（建房〔2016〕168 号）

住房城乡建设部关于进一步规范房地产开发企业经营行为维护

房地产市场秩序的通知（建房〔2016〕223 号）

住房城乡建设部关于贯彻落实资产评估法规范房地产估价行业管理有关问题的通知（建房〔2016〕275 号）

住房城乡建设部办公厅关于试行网上办理房地产估价师执业资格注册的通知（建办房〔2016〕50 号）

财政部、国家税务总局、住房城乡建设部关于调整房地产交易环节契税营业税优惠政策的通知（财税〔2016〕23 号）

国家发展改革委办公厅、住房城乡建设部办公厅关于开展商品房销售明码标价专项检查的通知（发改办价监〔2016〕2329 号）

上海市人民政府办公厅转发市住房城乡建设管理委等四部门关于进一步完善本市住房市场体系和保障体系促进房地产市场平稳健康发展若干意见的通知（沪府办发〔2016〕11 号）

上海市住房城乡建设管理委、市规划国土资源局关于进一步加强本市房地产市场监管促进房地产市场平稳健康发展的意见（沪建房管联〔2016〕839 号）

上海市住房和城乡建设管理委员会、中国人民银行上海分行、中国银行业监督管理委员会上海监管局关于促进本市房地产市场平稳健康有序发展进一步完善差别化住房信贷政策的通知（沪建房管联〔2016〕1062 号）

三、住宅小区综合管理和物业管理

国家税务总局关于物业管理服务中收取的自来水水费增值税问题的公告（国家税务总局公告 2016 年第 54 号）

上海市人民政府批转市住房城乡建设管理委关于进一步贯彻实施《上海市住宅物业管理规定》若干意见的通知（沪府发〔2016〕94 号）

中共上海市委办公厅、上海市人民政府办公厅印发《关于进一步落实本市住宅小区综合治理中各相关主体工作职责的若干意见》的通知（沪委办发〔2016〕8号）

上海市住房和城乡建设管理委员会关于加强本市住宅专项维修资金续筹工作的通知（沪建物业〔2016〕204号）

上海市住房和城乡建设管理委员会关于加强住宅小区装饰装修垃圾管理工作的通知（沪建物业〔2016〕527号）

上海市住房和城乡建设管理委员会关于布置物业服务企业资质有关工作的通知（沪建物业〔2016〕978号）

上海市住房和城乡建设管理委员会、上海市民政局、上海市财政局、上海市地方税务局关于培育和扶持专业社会服务组织参与住宅小区公共事务服务的指导意见（沪建物业联〔2016〕205号）

上海市住房和城乡建设管理委员会、上海市工商行政管理局关于推行使用《前期物业服务合同》、《物业服务合同》(2016年版住宅物业示范文本）的通知（沪建物业联〔2016〕168号）

上海市住房城乡建设管理委、上海市水务局、上海市二次供水联席办关于印发《上海市居民住宅二次供水设施改造项目建设管理办法》的通知（沪建建管联〔2016〕249号）

上海市住房和城乡建设管理委员会、上海市规划国土资源局、上海市质量技监局关于本市既有多层住宅增设电梯建设管理相关建设审批的通知（沪建房修联〔2016〕833号）

上海市住房和城乡建设管理委员会关于印发《关于加强本市居住房屋违法违规装修和使用治理工作的实施意见》的通知（沪建城管联〔2016〕253号）

上海市卫生和计划生育委员会关于做好二次供水（用户水龙头水）水质监测及信息主动公开的通知（沪卫计监督〔2016〕007号）

上海市民政局等关于推进居民区联席会议制度规范化建设的指导意见（沪民基发〔2016〕21号）

四、房屋征收修缮和保护

财政部、住房城乡建设部关于进一步做好棚户区改造相关工作的通知（财综〔2016〕11号）

上海市人民政府办公厅关于转发市住房城乡建设管理委等七部门《关于进一步推进本市"城中村"地块改造的若干意见》的通知（沪府办〔2016〕43号）

上海市人民政府办公厅转发市住房城乡建设委等三部门《关于在本市开展政府购买旧区改造服务试点的意见》的通知（沪府办〔2016〕48号）

上海市住房和城乡建设管理委员会关于"十三五"期间进一步加强本市旧住房修缮改造切实改善市民群众居住条件的通知（沪建房修〔2016〕581号）

上海市住房和城乡建设管理委员会关于综合统筹推进住宅小区设施设备改造工程的通知（沪建办发〔2016〕600号）

上海市规划和国土资源管理局、上海市住房和城乡建设管理委员会、上海市文物局关于进一步加强本市成片历史风貌抢救性保护管理工作的意见（沪规土资风〔2016〕402号）

五、房屋使用安全管理

住房城乡建设部办公厅关于印发《历史文化街区划定和历史建筑确定工作方案》的通知（建办规函〔2016〕681号）

上海市住房和城乡建设管理委员会关于印发《2016年建筑施工安全专项整治工作实施方案》的通知（沪建质安〔2016〕303号）

上海市住房和城乡建设管理委员会、上海市城市管理行政执法局关于查处损坏房屋承重结构违法行为若干问题的通知（沪建法规联〔2016〕735号）

上海市住房和城乡建设管理委员会关于开展优秀历史建筑普查和具体保护指南编制工作的通知（沪建历保〔2016〕737号）

上海市住房和城乡建设管理委员会关于印发《上海市住宅修缮工程市级管理费管理办法》的通知（沪建综计〔2016〕744号）

上海市住房和城乡建设管理委员会关于立即开展建设工程安全生产大检查的紧急通知（沪建质安〔2016〕1056号）

六、住宅建设和房地产开发

国务院关于取消一批职业资格许可和认定事项的决定（国发〔2016〕35号）

国务院办公厅关于大力发展装配式建筑的指导意见（国办发〔2016〕71号）

土地利用年度计划管理办法(2016修订)（国土资源部令第66号）

国土资源部关于修改《建设项目用地预审管理办法》的决定（国土资源部令第68号）

国土资源部关于修改《建设用地审查报批管理办法》的决定（国土资源部令第69号）

国家发展改革委、国家能源局、工业和信息化部、住房城乡建设部关于加快居民区电动汽车充电基础设施建设的通知（发改能源〔2016〕1611号）

上海市人民政府办公厅转发市住房城乡建设管理委等三部门《关于本市推进商品住宅和保障性住宅工程质量潜在缺陷保险的实施

意见》的通知（沪府办〔2016〕50号）

上海市人民政府办公厅转发市住房城乡建设管理委关于加强本市大型居住社区配套建设管理实施意见的通知（沪府办〔2016〕83号）

上海市住房和城乡建设管理委员会关于推进本市保障性住房实施装配式建设若干事项的通知（沪建建材〔2016〕1号）

上海市住房和城乡建设管理委员会关于发布《上海市住宅小区电动自行车停车充电场所建设导则（试行）》的通知（沪建标定〔2016〕528号）

上海市住房和城乡建设管理委员会关于进一步加强本市新建全装修住宅建设管理的通知（沪建建材〔2016〕688号）

上海市住房城乡建设管理委、上海市发展改革委、上海市交通委、上海市财政局关于印发《关于加强本市大型居住社区市政公建配套设施接管和运营管理若干意见》的通知（沪建配套联〔2016〕908号）

七、权籍管理

最高人民法院关于适用《中华人民共和国物权法》若干问题的解释（一）（法释〔2016〕5号）

不动产登记暂行条例实施细则（国土资源部令第63号）

国土资源部关于印发《不动产登记操作规范（试行）》的通知（国土资规〔2016〕6号）

上海市住房和城乡建设管理委员会关于印发《上海市房屋权属调查成果管理规定》的通知（沪建权籍〔2016〕912号）

上海市规划和国土资源管理局关于全市实施不动产统一登记有关事项的通告（沪规土资登〔2016〕715号）

上海市规划和国土资源管理局关于印发《上海市不动产登记技术规定》的通知（沪规土资籍规〔2016〕760号）

八、财政金融管理

住房城乡建设部关于加快建设住房公积金综合服务平台的通知（建金〔2016〕14 号）

中国人民银行、住房城乡建设部、财政部关于完善职工住房公积金账户存款利率形成机制的通知（银发〔2016〕43 号）

住房城乡建设部、发展改革委、财政部、人民银行关于规范和阶段性适当降低住房公积金缴存比例的通知（建金〔2016〕74 号）

中央国家机关住房资金管理中心关于进一步改进住房公积金个人贷款管理服务工作的通知（国机房资〔2016〕4 号）

住房城乡建设部关于印发住房公积金信息化建设导则的通知（建金〔2016〕124 号）

中央国家机关住房资金管理中心关于取消住房公积金个人贷款担保收费优化贷款业务流程的通知（国机房资〔2016〕13 号）

关于开展 2016 年度全市住房公积金缴存情况执法检查的通知（沪公积金管委会〔2016〕5 号）

关于 2016 年度上海市调整住房公积金缴存基数、比例以及月缴存额上下限的通知（沪公积金管委会〔2016〕9 号）

关于印发《上海市降低住房公积金缴存比例或缓缴住房公积金管理办法》的通知（沪公积金管委会〔2016〕10 号）

上海市城镇个体工商户及其雇用人员、自由职业者缴存、提取和使用住房公积金实施办法（沪公积金管委会〔2016〕11 号）

上海市家庭生活困难职工提取住房公积金实施办法（沪公积金管委会〔2016〕12 号）

上海市个人建造、翻建、大修自住住房公积金贷款实施细则（沪公积金管委会〔2016〕13 号）

上海市住房公积金支持保障性住房建设项目贷款管理办法（沪

公积金管委会〔2016〕14号）

上海市住房公积金个人购买共有产权保障住房贷款实施细则（沪公积金管委会〔2016〕15号）

关于延长《关于印发〈上海市住房公积金信息公开办法（试行）〉的通知》有效期的通知（沪公积金管委会〔2016〕16号）

关于延长《上海市住房公积金行政执法管理办法》有效期的通知（沪公积金管委会〔2016〕17号）

关于调整本市住房公积金个人贷款政策的通知（沪公积金管委会〔2016〕18号）

关于调整本市职工住房公积金账户存款利率的通知（沪公积金〔2016〕16号）

关于公积金贷款购买第二套改善型住房人均住房建筑面积调整的通知（沪公积金〔2016〕24号）

关于印发《关于本市提取住房公积金支付房租申请办理场所的通知》的通知（沪公积金〔2016〕88号）

关于印发《上海市降低住房公积金缴存比例或缓缴住房公积金操作细则》的通知（沪公积金〔2016〕97号）

关于中心政策文件中"房地产权证"统一变更为"不动产权证（含原房地产权证）"的通知（沪公积金〔2016〕103号）

关于落实《关于调整本市住房公积金个人贷款政策的通知》相关提取政策的通知（沪公积金〔2016〕157号）

九、综合管理

国务院关于修改部分行政法规的决定（国务院令第666号）

国务院办公厅关于印发2016年政务公开工作要点的通知（国办发〔2016〕19号）

住房城乡建设部关于印发《贯彻〈法治政府建设实施纲要（2015—2020年）〉的实施方案的通知》(建法〔2016〕167号)

上海市地下空间安全使用管理办法（上海市人民政府令第42号）

上海市人民政府关于扩大浦东新区城市管理领域相对集中行政处罚权范围的决定（沪府发〔2016〕6号）

上海市人民政府贯彻国务院关于加快推进残疾人小康进程意见的实施意见（沪府发〔2016〕15号）

上海市人民政府关于印发《上海市城乡建设和管理"十三五"规划》的通知（沪府发〔2016〕92号）

上海市人民政府关于印发《上海市基本公共服务体系"十三五"规划》的通知（沪府发〔2016〕104号）

上海市住房和城乡建设管理委员会关于印发《上海市住房保障和房屋管理行政处罚的裁量基准(二)》的通知（沪建法规〔2016〕507号）

上海市住房和城乡建设管理委员会关于印发《上海市住房和城乡建设管理立法"十三五"规划》的通知（沪建法规〔2016〕827号）

上海市住房和城乡建设管理委员会关于印发《上海市住房和城乡建设管理委员会档案管理暂行规定》的通知（沪建办发〔2016〕646号）

上海市住房和城乡建设管理委员会关于印发《上海市住房和城乡建设管理委员会关于推进本市住房和城乡建设管理领域科技创新的若干意见》的通知（沪建科信〔2016〕1081号）

2016年上海市房地产业大事记

1月

1月5日，上海市住房和城乡建设管理委员会主任顾金山调研在建装配式保障房项目，参观项目现场后与开发企业进行座谈交流。裴晓副主任、金晨秘书长参加调研。

1月13日，全国公共建筑节能改造与能耗监测平台建设经验交流会在沪召开。住房和城乡建设部总工程师陈宜明、建筑节能与科技司司长杨榕、科技与产业化中心副主任梁俊强，上海市住房和城乡建设管理委员会副主任裴晓，上海市建科院总工程师徐强，以及全国46个省、市住建系统相关部门和单位代表出席了会议。

2月

2月17日，上海市市长杨雄、副市长蒋卓庆调研上海市建设交通工作党委与上海市住房和城乡建设管理委员会工作。上海市建设交通工作党委书记崔明华、上海市住房和城乡建设管理委员会主任顾金山参加调研。

2月19日，上海市住房和城乡建设管理委员会副主任裴晓赴上海市房屋安全监察所调研。

3月

3月1日，上海市住房和城乡建设管理委员会副主任邓建平赴青浦区检查指导2015年度住宅小区综合治理工作。

3月3日，上海市建设交通工作党委书记崔明华调研普陀区"同心家园"、静安区"美丽家园"建设情况，实地了解普陀区宜川街道"中远"楼组自治情况和静安区共和新路街道唐家沙小区"美丽家园"建设情况，并召开了座谈会。静安区委书记安路生、静安区委副书记王醇晨、普陀区副区长李忠兴等参加调研。

3月11日，上海市建设交通工作党委书记崔明华调研本市绿色建筑、装配式建筑、建材监管和建筑废弃混凝土资源化利用等工作。

3月14日，2016年上海市住房城乡建设管理工作会议顺利召开，上海市副市长蒋卓庆出席会议。上海市住房和城乡建设管理委员会主任顾金山对2015年上海市住房城乡建设管理领域的工作进行回顾总结，研究谋划2016年工作思路。

3月29日，上海市住房和城乡建设管理委员会主任顾金山召开专题会议，研究部署2016年住房保障工作。于福林副主任参加会议。

3月30日，上海市住宅小区综合治理工作推进会顺利召开，上海市委副书记应勇、副市长蒋卓庆出席并讲话。会上，静安区政府、浦东新区塘桥街道、徐汇区枫林街道宛南五村居委会、杨浦区五角场街道三湘世纪花城业委会四家单位作了交流发言，市政府与16个区县政府签订了2016年住宅小区综合治理目标责任书。

3月30日，上海市政府召开专题会议，正式启动房地产市场监管工作联席会议机制，部署房地产市场专项整治工作。副市长蒋卓庆出席会议并讲话。上海市住房和城乡建设管理委员会、市发展与改革委员会、财政局、市规划和国土资源管理局、市工商行政管理局、市金融服务办公室等部门参加会议。

3月30日，上海市住房和城乡建设管理委员会主任顾金山调研松江区旧区改造和保障房建设工作，实地察看鲈江公租房小区并听取区政府专题汇报。市住房和城乡建设管理委员会办公室、政策研究室、旧改征收处、住房保障处、住房配套处、市住宅中心相关负责人，松江区副区长于宁及区建管委、区房管局等部门参加了调研。

4月

4月26日，上海市政府召开会议专题研究上海成片风貌保护三年行动计划及抢救性保护有关工作，副市长蒋卓庆、市政府副秘书长黄融出席会议。会议听取了《上海成片风貌保护三年行动计划（2016—2018年）》和《关于进一步加强本市历史文化风貌抢救性保护管理工作的通知》的相关汇报，与会各部门就报告内容、存在问题、完善建议、后续工作方向等方面进行了交流发言。

5月

5月6日，上海市召开旧住房综合改造推进大会，副市长蒋卓庆出席并讲话，市政府副秘书长黄融主持会议。会上，上海市住房和城乡建设管理委员会就本市旧住房修缮改造工作推进情况进行了通报及部署，黄浦区、静安区、市通管局分别进行了交流发言。

5月20日，上海市召开房地产经纪专项整治工作推进会，上海市住房和城乡建设管理委员会巡视员庞元出席并讲话。会上，市住房和城乡建设管理委员会、市工商管理局、市发展改革委员会有关部门，按各自职责，对专项整治工作进行了部署，并通报了本市互联网金融风险专项整治工作有关情况。

6月

6月2日，上海市住房和城乡建设管理委员会副主任裴晓带队先后赴徐汇区东樱花园屋面及相关设施改造项目、克莱门公寓优秀历史建筑修缮工程项目、宝庆路9弄保留历史建筑修缮工程项目和高邮路5弄、湖南路280弄、湖南路296弄等第五批优秀历史建筑开展了实地调研，听取了徐汇区关于旧住房综合改造及风貌保护相关工作情况的汇报。

6月7日，上海市召开2016上海绿色建筑国际论坛。市政府副秘书长黄融、市建设交通工作党委书记崔明华出席论坛并致辞。此次论坛主题为"绿色建筑区域化发展"，市住房和城乡建设管理委员会副主任裴晓和来自德国、天津等地专家，围绕绿色生态城区的发展方向、国内外绿色区域化发展经验等方面作了交流。

6月12日，上海市政府召开专题会议研究加强本市房地产市场监管工作，副市长蒋卓庆出席并讲话。会议听取了市住房和城乡建设管理委员会关于"沪九条"实施以来全市房地产市场运行情况的汇报，与会单位进行了交流发言。

6 月 16 日，上海市副市长蒋卓庆赴黄浦调研住宅小区综合治理工作，实地踏勘了老西门街道景德里小区卫生设施改造、蒙西小区综合治理推进情况，并召开了专题座谈会。会上，市住房城乡建设管理委通报了全市住宅小区综合治理推进情况，黄浦区对该区治理工作情况和下一步工作考虑进行汇报，半淞园街道、五里桥街道紫荆居委、耀江花园业委会进行了交流发言。

6 月 20 日，上海市住房和城乡建设管理委员会举行 2016 年本市物业管理行业防汛应急演练，副主任邓建平、秘书长金晨出席。此次演练在千阳南路 99 弄馨越公寓举行，由金晨秘书长任总指挥，演练内容包括队伍集结、地下车库受淹、外墙附属物脱落、屋顶漏水 4 项防汛应急演练科目。市应急办、市防汛办，委物业处、应急保障处、市物业中心、市物业管理行业协会、各区房管局、房地集团、市物业管理行业会员单位等单位和部门代表 100 多人参加了观摩。

6 月 20 日，上海市加装电梯试点协调小组就简化试点项目审批手续工作召开现场会，上海市住房和城乡建设管理委副主任裴晓出席。在实地察看了普陀区怒江苑加装电梯试点项目现场后，试点协调小组与怒江苑项目居委会、业委会、居民代表、建设单位、人大代表等开展了座谈，区各相关部门就加装电梯工作具体推进情况进行了汇报。

6 月 30 日，上海市住房和城乡建设管理委员会召开关于《关于加强本市居住房屋违法违规装修和使用治理工作的实施意见》的文件解读及工作部署专题会议，邓建平副主任出席。

7月

7 月 19 日，由上海市建设交通工会、上海市物业管理行业协会共同主办、上海徐房集团协办的2016年度上海市物业管理行业岗位练兵比武大赛物业管理员演讲决赛暨颁奖大会成功举行。市建设交通工作党委副书记田赛男、市住房和城乡建设管理委员会副主任邓建平，市总工会基层工作部及市住房和城乡建设管理委员会有关部门、建设交通工会、物业管理协会等有关领导出席大会并为获奖者进行颁奖。

7月20日，上海市住房和城乡建设管理委员会召开全市旧住房修缮改造工作会议，副主任裴晓出席并讲话。市住房城乡建设管理委相关处室和事业单位、各区县房管局参加。

7月22日，上海市住房和城乡建设管理委员会副主任袁嘉蓉一行赴市房地产交易中心调研。市住房和城乡建设管理委员会综合计划处和审计处负责同志陪同调研。会议听取了市交易中心行业基本情况、预算编制执行、资金使用、审计等方面工作的情况汇报。

7月26日，上海市住房和城乡建设管理委员会主任顾金山赴"夏令热线"现场，接听市民来电，耐心解答疑难，内容涉及违法搭建、房屋漏水、装修破坏承重墙等问题。

月

8月16日，上海市委、市政府召开市住宅小区综合治理年中工作推进会。市委副书记应勇、副市长蒋卓庆、市委副秘书长诸葛宇杰出席。会议听取了上海市住房和城乡建设管理委员会主任顾金山关于2016年以来相关工作推进情况的通报，并布置下半年任务。浦东新区、闵行区江川路街道、黄浦区半淞园街道耀江居委会等作了交流发言。

8月24日，韩正、应勇、尹弘、蒋卓庆等市领导赴上海市建设交通工作党委、上海市住房和城乡建设管理委员会调研住房保障工作。市住房和城乡建设管理委员会主任顾金山汇报了"十二五"期间本市住房保障体系运行基本情况、当前面临的形势、进一步深化完善本市住房保障体系的初步设想和有关建议。

9月

9月2日，上海市住房和城乡建设管理委员会副主任邓建平赴市物业管理事务中心调研物业管理信息化建设工作，听取本市物业管理信息化建设框架、物业服务监管平台和"上海物业"App 项目建设情况相关汇报，查看住宅小区物业基础数据库建设内容和物业巡查、灾情信息快速上报中的应用，并现场观看"上海物业"手机App 软件支付物业费的演示。

9月3日，上海市建设交通工会在上海市水上运动中心举办了"凝心聚力、奋战'十三五'、共筑中国梦""建设交通杯"第三届龙舟赛。市住房城乡建设委、市交通委、久事集团、城投集团、隧道股份、市绿化市容局等建设交通行业 34 个单位共组建了 30 个队参赛。

10月

10月8日，上海市住房和城乡建设管理委员会召开专题会议研究落实本市新建全装修住宅建设管理相关工作，顾金山主任出席并讲话。

10月13日，第 15 届中国国际住宅产业暨建筑工业化产品与设备博览会在北京召开，上海市住房和城乡建设管理委员会副主任裴晓在展会开幕见面会上介绍了上海市近年来装配式建筑发展情况和经验。住房和城乡建设部总工陈宜明，节能科技司司长苏蕴山，科技产业发展中心主任冯忠华、副主任文林峰作为特邀嘉宾出席了上海展区《上海市装配式建筑2016—2020年发展规划》现场发布会。

10月17日，上海市住房和城乡建设管理委员会召开本市老旧住房修缮改造暨老旧住房安全隐患处置四季度工作推进会，裴晓副主任出席会议并讲话。会议听取了近期年度工作进展情况的汇报，部署2016年第四季度收尾工作和2017年计划上报，相关区房管局汇报年度任务目标收尾计划。

10月18日，上海市政协召开"健全住宅物业管理法规和规章"专题协商会，副市长蒋卓庆、市政协副主席李逸平出席。会议由李逸平副主席主持。

11月

11月28日，上海市住房公积金管理委员会印发《关于调整本市住房公积金个人贷款政策的通知》，对本市住房公积金个人贷款政策进行调整。

12月

12月16日，住房和城乡建设部建筑维护加固与房地产标准化技术委员会换届大会暨第一次工作会议在沪召开。

后记

　　回顾 2016 年，上海市房地产业在上海市委、市政府的正确领导下，坚决贯彻中央精神，总体保持了平稳有序、改善民生的发展状况。2017 年是新中国发展历程中重要的一年，上海市房地产业将认真学习党的"十九大"精神，全面贯彻习近平新时代中国特色社会主义思想，坚持房子是用来住的、不是用来炒的定位，加快建立多主体供给、多渠道保障、租购并举的住房制度，努力实现住有所居的目标。

　　《上海市房地产业发展报告》年度白皮书，凝结着相关领导的期望和编纂人员的辛勤劳动。《上海市房地产业发展报告（2017）》的成功出版，标志着《上海市房地产业发展报告》已基本纳入了制度化、标准化的编纂、出版体系，为今后持续出版打下了良好的基础。

　　本书的编纂工作受上海市住房和城乡建设管理委员会、上海市房屋管理局的委托，由上海市房地产科学研究院具体承担。编纂过程中，很多单位和个人给予大力支持与无私奉献：上海市住房和城乡建设管理委员会、上海市房屋管理局的相关处室给予了政策指导；上海市住房保障事务中心、上海市住宅建设发展中心、上海市房地产交易中心、上海市物业管理事务中心、上海市公积金管理中心等单位分别提供了相关管理数据资料；相关行业协会提供了各个行业的统计数据资料；上海市规划土地管理局、上海市统计局、中国人民银行上海总部、中国银行业监督管理委员会上海监管局、上海市税务局等市相关委办局提供了相关统计数据。在此向以上单位表示深深的感谢！在编纂本报告期间，很多业内专家学者也奉献了各自的真知灼见，在此一并向他们致以诚挚的谢意！

本书各章节的主要撰写者有：张亮、华佳、朱念昀、李占鸿、朱杰、郑胜蓝、袁希德、陈昌越等。受限于本书的编纂时间以及编纂水平，书中的错漏在所难免，敬请各位读者不吝批评指正。

本书编辑部

二〇一七年十二月

图书在版编目(CIP)数据

上海市房地产业发展报告.2017/上海市住房和城
乡建设管理委员会,上海市房屋管理局,上海市房地产科
学研究院编.—上海:上海人民出版社,2018
ISBN 978-7-208-14976-2

Ⅰ.①上… Ⅱ.①上… ②上… ③上… Ⅲ.①房地产
业-产业发展-研究报告-上海-2017 Ⅳ.
①F299.275.1

中国版本图书馆CIP数据核字(2017)第327975号

责任编辑 李 莹
封面设计 零创意文化

上海市房地产业发展报告(2017)
上海市住房和城乡建设管理委员会
上 海 市 房 屋 管 理 局 编
上 海 市 房 地 产 科 学 研 究 院

出　　　版　上海人民大版社
　　　　　　(200001　上海福建中路193号)
发　　　行　上海人民出版社发行中心
印　　　刷　上海中华印刷有限公司
开　　　本　720×1000　1/16
印　　　张　13.75
字　　　数　155,000
版　　　次　2018年3月第1版
印　　　次　2018年3月第1次印刷
ISBN 978-7-208-14976-2/F·2510
定　　　价　68.00元